AF571216

Penser l'épistémologie de Karl Raimund Popper

Du même auteur :

La catégorie de l'espace chez Descartes. Pour une épistémologie non classique de la physique, L'Harmattan, 2011, Collection « Logique-Sciences-Philosophie des sciences », 194 p.

5-7, rue de l'École-polytechnique ; 75005 Paris

http://www.librairieharmattan.com
diffusion.harmattan@wanadoo.fr
harmattan1@wanadoo.fr

ISBN : 978-2-296-99239-9
EAN : 9782296992399

Marcel NGUIMBI

Penser l'épistémologie de Karl Raimund Popper

Ouverture philosophique

Collection dirigée par Aline Caillet, Dominique Chateau, Jean-Marc Lachaud et Bruno Péquignot

Une collection d'ouvrages qui se propose d'accueillir des travaux originaux sans exclusive d'écoles ou de thématiques.

Il s'agit de favoriser la confrontation de recherches et des réflexions qu'elles soient le fait de philosophes "professionnels" ou non. On n'y confondra donc pas la philosophie avec une discipline académique ; elle est réputée être le fait de tous ceux qu'habite la passion de penser, qu'ils soient professeurs de philosophie, spécialistes des sciences humaines, sociales ou naturelles, ou… polisseurs de verres de lunettes astronomiques.

Dernières parutions

Joachim Daniel Dupuis, *Gilles Châtelet, Gilles Deleuze et Félix Guattari. De l'expérience diagrammatique*, 2012.
Oudoua PIUS, *Humanisme et dialectique. Quelle philosophie de l'histoire, de Kant à Fukuyama ?*, 2012.
Paul DAU VAN HONG, *Paul Ricœur, le monde et autrui*, 2012.
Michel VERRET, *Les marxistes et la religion. 4e édition revue et complétée*, 2012.
François-Gabriel ROUSSEL, Madeleine JELIAZKOVA-ROUSSEL, *Dans le labyrinthe des réalités. La réalité du réel, au temps du virtuel*, 3e édition, 2012.
Pierre-Luc DOSTIE PROULX, *Réalisme et vérité : le débat entre Habermas et Rorty*, 2012.
François HEIDSIECK, *La vertu de justice*, 2012.
Jean-Louis BISCHOFF, *Conversion et souverain bien chez Blaise Pascal*, 2012.
Jordi COROMINAS, Joan Albert VICENS, *Xavier Zubiri. La solitude sonore (1898-1931)*, 2012.
Daniel NOUMBISSIÉ TCHAMO, *Justice distributive ou solidarité à l'échelle globale ? John Rawls et Thomas Pogge*, 2012.

A Maman ***Gisèle Nguimbi*** et notre petite famille, je dis comme Popper : « *Ouvrez les yeux et voyez comme ce monde est beau, et comme nous avons de la chance, nous qui sommes en vie* »[1].

A tous les essentialistes
Tous les philosophes de la croyance
Et tous les philosophes du sens des mots
Qui croient que l'anti-essentialisme de Popper ruine la philosophie analytique,
Je dis que Popper s'en prend exclusivement ici aux *partisans du sens des mots pour le sens des mots*, c'est-à-dire ceux qui font du sens des mots une fin en soi, plutôt que d'y voir une procédure : une procédure qui conduit à prendre au sérieux *les questions qui concernent les faits et leurs affirmations sur les faits : les théories et les hypothèses ; les problèmes qu'elles résolvent ; et les problèmes qu'elles soulèvent*[2].

---

[1] Karl Raimund POPPER, *La Quête inachevée. Post-Scriptum*, Paris, Calmann-Lévy, 1981, p. 280.
[2] Cf. Karl Raimund POPPER, *La Logique de la Découverte Scientifique*, 1973 : voir la conception anti-essentialiste de Popper que présente Jacques Monod dans sa Préface.

« *Popper tient par-dessus tout à cette dernière idée* [l'idée que nous apprenons de nos erreurs (…)] *: il en fait justement le thème unique et la thèse centrale de* Conjectures et Réfutations (...)

Si, en fait, une nouvelle théorie n'est réfutée qu'après avoir fait la preuve qu'elle contient du vrai sur une région du réel auparavant inconnue et même insoupçonnée, cette réfutation sera instructive : au lieu d'être dans l'incertitude complète sur ce qu'il convient alors d'incriminer, nous saurons situer l'échec en question dans le domaine précis de la réussite qui l'a rendu possible, ce qui guidera nos futurs efforts »[3].

---

[3] Daniel PIMBE, *L'explication interdite. Essai sur la théorie de la connaissance de Karl Popper*, Paris, L'Harmattan, 2009, pp. 165-166.

Formules épistémo-logiques

- **<E – R – M>** : La structure « éliminabilité-réfutabilité-méthode ».
- **$P_1 \rightarrow TT \rightarrow EE \rightarrow P_2$**: Formule poppérienne de la croissance du savoir scientifique.

$\hat{C}$ $\hat{C}$ $\hat{C}$

- **$P_1 \rightarrow P_2 \rightarrow Pi \rightarrow P_n$** : Notre formule d'élargissement de la formule poppérienne de la croissance du savoir scientifique.
- **H_1 ; H_2 ; … $H_n \models H_{n-1}$** : Formule de l'inférence sémantico-déductive.
- **H_1 ; H_2 ; … $H_n \models H_{n+1}$** : Formule de l'inférence sémantico-inductive.
- **$\{[\forall x \forall y\ [R(x) \wedge R'(y)] \rightarrow M(x, y)] \wedge [\forall y \forall z\ [R'(y) \wedge R''(z)] \rightarrow P(y, z)]\} \rightarrow \{\forall x \forall z\ [R(x) \wedge R''(z)] \rightarrow G(x, z)\}$**: Traduction en langage des prédicats de l'argument poppérien « Rachel, la grand-mère paternelle » (Cf. *Conjectures et Réfutations*, Paris, Payot, 1985, p. 301).

- Carré logique philosophique possible chez Popper

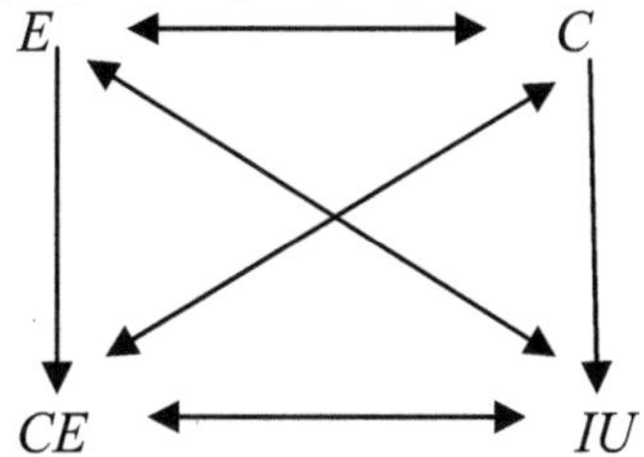

- X- !-Ψ, Y- !-Ψ, X- ?-Ψ et Y- ?-Ψ, en supposant que X ≠ Y : Formule annonçant les règles de particules dans une argumentation dialogique.
- $\dfrac{A : B_i, \ldots, B_n}{C}$ Formule de la règle de raisonnement par défaut

Avant-propos

Les *Deux questions épistémo-logiques sur l'épistémologie poppérienne en débat* étudiées dans ce texte sont, à tout le moins, les « deux thèses » que comporte ma Thèse doctorale sur *Karl Raimund Popper et le symbolisme logique*, présentée et défendue le 25 février 2006, à l'Université Marien Ngouabi de Brazzaville, au Congo.

L'étude renvoie essentiellement à la troisième partie de la Thèse[4], en se fondant sur le point relatif à la « méthodologie » poppérienne avec ses deux principes régulateurs que sont le principe de réfutabilité argumentative et le principe d'éliminabilité d'erreurs.

Mais, cette étude a été enrichie de la référence à quatre auteurs : Alain Boyer[5] et Elie Zahar[6], dont les éclaircissements sur l'épistémologie poppérienne en général sont significatifs ; Emmanuel Malolo Dissakè[7], le pédagogue de la conception poppérienne de la philosophie du langage argumentatif, qui reconnaît que la première formulation du « *falsificationnisme* » poppérien procède des *Deux problèmes fondamentaux de la théorie de la connaissance* que Popper comprend par « le problème de l'induction » et « le problème de la démarcation »[8] ; enfin, à Daniel Pimbé[9], dont le double apport

---

[4] Marcel NGUIMBI, *Karl Raimund Popper et le symbolisme logique*, *op. cit.*, pp.340-387.

[5] Alain BOYER, (sous la direction de), *Karl Popper : un philosophe dans le siècle*, Revue *Philosophia Scientiae*, Vol. 11 Cahier 1, Paris, Editions Kimé, 2007, 193 p. Nous nous référerons aussi à ses écrits de 1998 ; 1994 ; 1992.

[6] Elie ZAHAR, *Essai d'épistémologie réaliste*, Paris, Vrin, Collection « Mathesis », 2000, 189 p. Voire les écrits de 1989 et 2007.

[7] Emmanuel MALOLO DISSAKE, *Karl Popper, Langage, falsificationnisme et science objective*, Paris, PUF, Collection « Philosophies », 2004.

[8] Pour Popper, en effet, le premier problème de la théorie de la connaissance se ramène à la question suivante : *Peut-on savoir plus que l'on sait ?* Quant au second problème, il renvoie à la question de la démarcation selon laquelle : *Quand une science n'est-elle pas une science ?*

d'une part, au point de vue méthodologique, confirme mes intuitions relatives au paradoxe méthodologique possible dans le penser poppérien, et d'autre part, au point de vue argumentatif, éclaire ma propre position sur la double question du progrès de la connaissance scientifique et de l'exigence d'élargissement de la formule d'un tel progrès chez Popper.

Pour que cela ne puisse pas paraître comme une « reprise » pure et simple de cette troisième partie de la Thèse doctorale, mais son exact approfondissement, j'ai cru nécessaire d'introduire dans ce projet d'autres nouveaux éléments d'étude que sont ici essentiellement :

1. Les Rapports que les Professeurs Pierre Nzinzi, Charles Zacharie Bowao et Clobite Bouka-Biona ont chacun présenté à l'examen de ma Thèse doctorale[10] ;

2. La somme d'incidences méta-théoriques qui suit les considérations méthodo-théoriques (pour être des appréhensions à la fois d'ordre méthodologique et d'ordre théorique) de la symbolique logique poppérienne, en tant qu'application de la méthodologie du « *trial and error* ». Cette somme d'incidences méta-théoriques (Chapitre III), en tant qu'une capitalisation des conséquences théoriques de l'applicabilité de la méthodologie poppérienne, procède, pour autant que j'ai « mieux » compris l'essence du penser poppérien, de sa conception de la science et de l'enjeu de sa théorie des trois Mondes dont les aspects ontologiques, logiques et gnoséologiques pris ensemble ouvrent à un type de « *carré logique* » au sein du programme de la philosophie de Popper ; ce carré logique aurait pour objets généraux l' « épistémologie » et la « cosmologie », puis pour objets particuliers la « connaissance empirique » et l' « indétermination de l'univers ». Cette capitalisation des enjeux de la théorie du Monde 3 m'a conduit à chercher à comprendre dans quelles mesures la théorie poppérienne de la « discussion rationnelle » peut s'entendre comme une *figure* de

---

[9] Daniel PIMBE, *L'explication interdite. Essai sur la théorie de la connaissance de Karl Popper*, Paris, L'Harmattan, Collection « Ouverture Philosophique », 2009.

[10] En leur qualité respective de « Directeur de recherche » (pour Charles Zacharie Bowao) et d' « Examinateurs » (pour Pierre Nzinzi et Clobite Bouka-Biona).

la *Logique des « dialogues intelligents »*. L'étude de la question m'a fait parcourir la multitude de registres d'une telle logique qui est symétrique à la Logique dialogique et à toutes les formes possibles des Logiques non-monotones aux raisonnements non-monotoniques. Ainsi, de l'Ecole de Shahid Rahman (rappelant celle de Kuno Lorenz) à celle de Prakken et Sartor, je suis convaincu de la symétrie entre la théorie poppérienne de la discussion rationnelle, qui est une forme de structure d'argumentation dialogique du raisonnement, et la Logique des « dialogues intelligents », en tant que forme de structure de mécanisation dialogique du langage C'est un enjeu de l'étude générale sur l'«Intelligence Artificielle » que j'entrepris au sein du Laboratoire Savoirs-Textes-Langage STL-CNRS de l'UMR 8163 que dirige Christian Berner, auprès de Shahid Rahman, Responsable scientifique de l'Axe Logique et Argumentation, à l'Université de Lille 3 Charles-de-Gaulle (France). C'est un séjour de recherche mené dans la cadre du Programme Erasmus Mundus-Acp2[11]. Je présente, en Annexe 1, le *Programme de travail* y relatif.

[11] Le Programme Erasmus Mundus-Acp, Action 2 – Volet 1, est un programme de coopération et de mobilité dans le domaine de l'enseignement supérieur. Il est mis en œuvre par l'Agence Exécutive d'Education, Audiovisuel et Culture (EACEA), et dont la gestion se fait sous la supervision du Service de Coopération EuropeAid (DG AIDCO). Le but du EMA2 – Volet 1 est de promouvoir l'éducation supérieure européenne, pour aider à améliorer et renforcer les perspectives de carrière des Etudiants, mais également de promouvoir la compréhension interculturelle au travers de la coopération avec les pays tiers, en accord avec les objectifs politiques externes, afin de contribuer au développement durable des pays tiers dans le domaine de l'éducation supérieure. Cela inclut les partenariats entre les Etablissements d'Enseignement Supérieur Européens et des pays tiers, les Institutions, échange et mobilité à tous les niveaux de l'enseignement supérieur, y compris un système de bourses. Cela signifie un soutien à la mobilité pour les Etudiants (dans le cas du projet MUNDUS-ACP II, seulement pour les Master, Doctorat), études supérieures (qui ne s'appliquent pas au Projet MUNDUS-ACP II) et pour le personnel (enseignant et administratif). (Toutes ces informations sont disponibles dans *Programme Erasmus Mundus Action 2 – Volet 1 Lot 15* (Pays ACP), *Guide du Candidat 2011-2012, EACEA*, Université de Porto, Portugal, http://mundusacp.up.pt, p.3). C'est justement dans le cadre de la Mobilité de Personnel académique que, au sein de mon Institution universitaire, je suis le premier candidat sélectionné pour la Bourse Mundus-Acp2.

Deux questions épistémo-logiques pour débattre de l'épistémologie poppérienne ! On pourrait bien s'en poser davantage. Tout comme on n'aurait pas eu besoin de se poser de telles questions sur (ou, à propos de) l'épistémologie poppérienne dont on sait qu'elle est l'une des figures modernes d'histoire et de philosophie des sciences conjuguées ayant contribué aussi bien à l'édification qu'au développement de la science contemporaine.

La présente étude a naturellement une histoire : le débat sur l'héritage de l'épistémologie poppérienne. Comment s'en approprier ? Non seulement l'appropriation, mais aussi et surtout la capitalisation de sa richesse intellectuelle, afin d'en extirper la substance méthodologique qui, au-delà de la controverse avec ses anciens disciples et/ou collègues (Lakatos, Feyerabend, Kuhn, Zahar, etc.), rende raison de la méthodologie poppérienne du « *trial and error* ».

L'histoire de cette étude part d'une question pédagogiquement stratégique soulevée par le Professeur Sémou Pathé Guèye qui, à l'occasion d'un Séminaire méthodologique de recherche devant les premiers doctorants de notre Formation Doctorale (2000-2001), nous amenait à nous frayer le chemin de « l'originalité », en nous exigeant de savoir distinguer entre « ce que tout le monde peut dire » sur la pensée d'un auteur ou sur un sujet quelconque et « ce que je dois en dire » en tant que réfléchissant : ce qui ferait, dans ce cas, mon originalité. En clair, la meilleure façon de prendre part à ce débat nous a été suggérée à ce Séminaire de Logique et Histoire des sciences.

Au-delà de ce que l'on peut comprendre et dire à propos de l'épistémologie poppérienne, j'ai perçu deux interstices qui illuminent désormais ma capitalisation du penser poppérien. Ce sont les « deux questions épistémo-logiques », ici présentées et débattues, dans le sens d'une lecture « critique » osée laborieusement de l'épistémologie du philosophe de Vienne et de la *London School of Economics and Politics*. Parlons-en alors.

Ma lecture critique de l'épistémologie poppérienne s'ouvre sur deux axes : d'une part, le paradoxe méthodologique et de l'autre, l'exigence d'élargissement de la formule de la croissance du savoir scientifique. Au fond, j'en parlais déjà.

Mes convictions se trouvent « *hic et nunc* » renforcées par les thèses de Pierre Nzinzi et de Renée Bouveresse d'une part, puis celles de Alain Boyer, Elie Zahar, Daniel Pimbé et Emmanuel Malolo Dissakè d'autre part. Leur connaissance des thèses principales de l'épistémologie poppérienne est avérée.

1. Sur le premier axe, je circonscris un « paradoxe méthodologique » au cœur du penser poppérien, dans le contraste existant entre la vocation et l'applicabilité d'une méthode critique à prétention universelle mais au fonctionnement pourtant particulier en ceci qu'elle singularise la société occidentale comme étant la « meilleure » de toutes les civilisations humaines possibles. Cela s'entend. Ne sait-on plus que Popper est bien un philosophe « occidentalo-centriste » ? Un philosophe dont le « rationalisme » fonde incommensurablement l'Occident. On le sait pertinemment. Il n'avait, en effet, cessé de clamer que « *le rationalisme du moins est une idée sans laquelle l'Occident n'existerait pas. Car rien ne singularise autant notre civilisation occidentale que d'être une civilisation qui pratique avec ardeur les différentes sciences. Elle est la seule à avoir produit une science de la nature, et cette science y tient une place rien moins que décisive. Cette science est le produit direct du rationalisme : elle est le produit du rationalisme de la philosophie antique, de la philosophie grecque : des présocratiques* »[12] Quelle autre preuve formelle devrais-je requérir du paradoxe méthodologique de celui qui croit et tient toujours à persuader que « *notre civilisation occidentale, envisagée sur le plan historique, est pour une large part un produit du mode de pensée rationalise héritée des Grecs par notre civilisation* (...) »[13] ?

2. Sur le deuxième axe, et pour justifier l'exigence d'élargissement de la formule poppérienne de la croissance de

[12] Karl Raimund POPPER, *A la recherche d'un monde meilleur. Essais et conférences*, Paris, Les Belles Lettres, 2011, trad. de l'allemand et annoté par Jean-Luc Evard, p. 279.
[13] Karl Raimund POPPER, *op. cit.*, p. 280.

la connaissance scientifique, je décèle une certaine attitude d'hésitation chez Popper qui, plus d'une fois d'ailleurs, passe à côté de cette exigence en préférant ce qu'il présente sous la forme initiale sursimplifiée de la formule, c'est-à-dire « $P_1 \rightarrow TT \rightarrow EE \rightarrow P_2$ ».

A la fin, ne serait-il pas permis de dire que c'est ainsi que j' appréhende, je comprends et je m'approprie (à tort ou à raison ? je ne le sais) la substance de l'épistémologie sans sujet connaissant de Karl Raimund Popper ? Ce qui justifie autant que faire se peut les huit formules épistémo-logiques présentées dans cette étude, à savoir :

(i) La structure E-R-M ;
(ii) La formule poppérienne de la croissance du savoir scientifique
(iii) L'élargissement de la formule poppérienne de la croissance du savoir scientifique ;
(iv) La formule de l'inférence sémantico-déductive ;
(v) La formule de l'inférence sémantico-inductive ;
(vi) La traduction en langage des prédicats de l'argument poppérien « Rachel, la grand-mère paternelle » ;
(vii) Le Carré logique philosophique supposé chez Popper dont les éléments universels sont l' « épistémologie » (*E*) et la « cosmologie » (*C*), les éléments particuliers la « connaissance empirique » (*CE*) et l' « indétermination de l'univers » (*IU*).
(viii) Formule annonçant les règles de particules dans une argumentation dialogique.
(ix) …Formule de la règle de raisonnement par défaut.

Marcel Nguimbi,
Libreville (*Gabon*), *avril - mai 2012.*

Introduction

Rapportant ses conclusions de l'examen de ma Thèse doctorale, Pierre Nzinzi écrivait : « *La Thèse comporte une thèse, l'élargissement du schéma de la croissance de la connaissance scientifique chez Popper*[14] ».

Tel est, ce me semble, le rapport d'« originalité » qui avait retenu l'attention de Pierre Nzinzi lors de l'examen de cette Thèse doctorale sur « *Karl Raimund Popper et le symbolisme logique* », en dépit de nombreuses insuffisances aussi bien de forme que de fond dont celle-ci a souffert, tout au moins dans sa monture défendue le samedi 25 février 2006.

En fait, la « thèse » dont parle le philosophe ici, réfère à la manière dont j'ai tenté de prendre du recul devant la symbolique logique de Popper. Ce recul m'a donné de relever deux observations au regard de l'épistémologie sans sujet connaissant du philosophe viennois. Ce sont ces deux observations que je traduis en termes de « *questions épistémologiques* » pour débattre de l'épistémologie poppérienne. Et, de ce point de vue, ma Thèse pourrait avoir comporté *deux thèses*.

La première observation, et donc la première thèse, c'est ce que j'appelle « *le paradoxe méthodologique* » dans le penser poppérien. La deuxième thèse, quant à elle, porte sur ce qui a retenu particulièrement l'attention du rapporteur, « *l'exigence d'élargissement de la formule poppérienne de la croissance de la connaissance scientifique* ». Prises ensemble, ces deux observations-thèses-questions ont constitué la troisième partie de ma Thèse doctorale qui est un ensemble de « Postures méthodologiques »[15].

---

[14] Pierre NZINZI, « Rapport d'Examen de la Thèse de Marcel Nguimbi, *Karl Raimund Popper et le symbolisme logique* », sous la direction du Professeur Charles Zacharie Bowao, FLSH, Université Marien Ngouabi, Brazzaville, 25 février 2006.

[15] Marcel NGUIMBI, *Karl Raimund Popper et le symbolisme logique*, *op. cit.*, pp. 340-387.

L'objet de ces deux questions épistémo-logiques pour débattre de l'épistémologie poppérienne se ramène donc à ces deux observations que j'ai relevées (comme insuffisances ? limitations internes ou externes ? lacunes ? ..., je ne sais) dans mon appropriation de la symbolique logique poppérienne. Une symbolique non classique (dans sa nature) qui fort curieusement prête le flanc (dans sa mise en œuvre) à un classicisme préjudiciable qui ne saurait quoi dire entre un « Popper universalisant » au regard des principes de la méthode unique en sciences mais « particularisant » lorsqu'il en vient à la pratique de celle-ci, et un « Popper conscient » de l'exigence d'élargissement du schéma à quatre termes dans la considération du processus de la connaissance scientifique mais, alors, « hésitant » quant à la mise en œuvre de celle-ci.

Deux ensembles de *questions épistémo-logiques sur l'épistémologie poppérienne* s'imposent. Le premier est une somme d'interrogations sur la méthodologie poppérienne qui culminent sur la détermination d'un « paradoxe méthodologique » comme conséquence nécessaire d'une application « ratée » des principes de la méthodologie poppérienne du « *trial and error* ». Le deuxième groupe de questions est un ensemble d'interrogations sur l'exigence majeure d'élargissement du schéma poppérien du progrès de la connaissance scientifique qui suit logiquement la mise en perspective méthodo-logique (expression que je définis comme une perspective au double aspect méthodologique et logique) de la structure < E – R – M >.

Charles Zacharie Bowao, l'a certainement perçu autrement, lorsqu'il affirme que le symbolisme logique poppérien (traité dans la deuxième partie de la Thèse doctorale) se trouve ainsi, y compris dans cet élargissement formulaire de la croissance de la connaissance scientifique (que l'on trouve dans la troisième partie), mis à l'épreuve d'une critique soutenue de l'infaillibilité de la connaissance logique classique d'une part, et de la reconnaissance du caractère faillible de l'esprit connaissant d'autre part[16]. Il l'affirme à propos d'une

[16] Charles Zacharie BOWAO, « Rapport d'Examen de la Thèse de Marcel Nguimbi, *Karl Raimund Popper et le symbolisme logique* », *op. cit.*

Thèse qui, selon lui, s'inscrit en droite ligne de la problématique du « Séminaire de Logique et Histoire des Sciences » qui consiste en une réévaluation critique de la thématique traditionnelle sur les rapports « philosophie-science », à partir de ce qu'il est convenu de considérer comme étant d'ores et déjà le paradigme non classique d'une épistémologie de la complexité. C'est, conclut-il à raison, d'un tel paradigme de l'épistémologie contemporaine que procède le rationalisme critique de Karl Raimund Popper, tout autant que la critique que j'y applique.

Cette « double thèse dans la Thèse » est aussi perçue par Clobite Bouka Biona[17], qui parle en termes de « *questions de réductionnisme et d'élargissement* », comme un ensemble de points culminants de la compréhension de l'œuvre symbolique logique de Popper. En fait, on peut y lire un réductionnisme épistémologique qui traduit ce que je trouve de « paradoxe méthodologique » au moyen duquel on serait tenté – et, pour Bouka Biona, la tentation est très grande – de voir dans le penser poppérien ici en débat un « racisme » irréductible. C'est une réduction peut-être voulue et désirée par Popper, afin de fixer toutes les conditions nécessaires de succès de son épistémologie sans sujet connaissant dans un conditionnement spatio-temporel qu'il circonscrit le mieux : l'espace-temps occidental. Ce qui, à mon sens, le conduit à tomber ce faisant dans un paramètre limitant à la fois sa théorie et sa démarche : la culture (universelle) des peuples (universels), lorsqu'il « oblige » de fait d'emprunter l'expérience de ceux qui s'en sont jusque-là bien trouvé (les Occidentaux), à titre de norme pour d'autres peuples (les non-occidentaux). J'aime bien l'expression de Claude Lévi-Strauss selon laquelle, *l'humanité* ne saurait s'arrêter aux frontières d'une ethnie, d'une tribu ou d'un groupe linguistique[18], et pour notre cas d'un peuple quel qu'en fût l'état de son développement[19].

---

[17] Clobite BOUKA BIONA, « Rapport d'Examen de la Thèse de Marcel Nguimbi, *Karl Raimund Popper et le symbolisme logique* », *op. cit.*

[18] Claude LEVI-STRAUSS, *Race et histoire*, 1952, Paris, Albin Michel, Edition UNESCO, 2001, p. 45.

[19] Kisito OWONA problématise assez bien sur le concept d'*universel* dans son livre *Kant et l'Afrique : la problématique de l'universel* (L'Harmattan,

J'ai par conséquent osé, dans la recherche de l'élargissement de la théorie, en m'élevant au-dessus de la diversité des clivages culturels particularisants, et donc au-delà du seuil de la réflexion telle que circonscrite par Popper, proposer en perspective la « refondation méthodologique » dont le corollaire principal est la « refondation de l'humain » dans cette épistémologie sans sujet connaissant par le moyen de la raison symbolique logique. Repenser l'humain[20] au-delà des évidences poppériennes qui entretenaient et entretiennent encore un flou paradoxal sur ses frontières qui l'embrigadent dans la société occidentale. Les évidences au-delà de la pensée poppérienne circonscrivent l'universalité de l'humain comme l'ensemble des peuples vivant sur terre et doués de raison, avec des capacités de connaissance spatio-temporellement perfectibles.

L'inspiration m'est donc venue, à tout le moins, du processus même de la croissance de la connaissance scientifique. Cela pour deux raisons principales.

La première raison est que, en tenant compte de l'attention du Cercle de Vienne que Popper attire sur la dose

---

Collection « Ouverture philosophique », Paris, 2007, lorsqu'il écrit : « *La notion d'universel est appréhendée sur un mode bipolaire. D'un côté, elle fait appel à l'universalité qui* [à en croire B. Martin dans « Les droits culturels comme mode d'interprétation et de mise en œuvre des droits de l'homme », in *Le retour de l'ethnocentrisme : Purification ethnique versus universalisme cannibale*, La Revue du MAUSS, Paris, La Découverte, n° 13, 1er semestre 1999, p. 250] *se fixe comme ambition de réunir les principes qui, dans chaque société, expriment des valeurs que toutes les sociétés développent et qui, pour cette raison, prétendent à l'universalité. En d'autres termes, l'universalité suppose des valeurs transcendantes inhérentes à toutes les sociétés humaines. L'universalité détermine* [comme le souligne *Le Petit Larousse*] *le caractère de ce qui est universel. Or ce qui est universel, c'est ce qui échappe au contrôle des frontières, qu'elles soient géographiques, ethniques ou sociales. De l'autre côté, l'universalisme est la deuxième variante terminologique de l'universel. Il se définit* [selon *Le Robert*] *comme la doctrine qui considère la réalité comme un tout unique, dont dépendent les individus. Il est vrai, la difficulté de séparer l'une de l'autre ces deux variantes est réelle. Mais l'universel, pensons-nous puise sa substance dans les deux notions* » (Kisito OWONA, *op. cit.*, pp. 11-12).

[20] Je pense ici à un titre, *Repenser l'humain. La fin des évidences*, sous la direction de Jean-Luc Blacquart et Jean-Baptiste Lecuit, Paris, L'Harmattan, 2010.

nécessaire de « la métaphysique réhabilitée au cœur de la physique », j'ai construit la structure < E – R – M >.

La seconde est que, en me fondant sur l'imbrication entre diverses rationalités convergentes vers la rationalité critique que postule Popper, j'ai suggéré qu'il soit appliqué à la résolution de « tout problème » ce que j'appelle « l'opérateur poppérien » symbolisé par « Ĉ » (*C chapeau*), pour représenter la séquence formulaire « *TT→EE* », condition de production d'un nouveau problème qui sera lui aussi régulé par cet opérateur poppérien. Ce qui donne certainement un élargissement plus visible et résout la difficulté méthodologique que j'avais longtemps éprouvée pour généraliser l'alternative suggestive formulaire du schéma poppérien de la croissance de la connaissance scientifique.

Je pose donc épistémo-logiquement *deux questions* à propos de l'épistémologie poppérienne. La première question logique est relative à la voie que Popper lui-même ouvre sans ambages au « paradoxe méthodologique ». La seconde épistémologique concerne l'« exigence d'élargir » la formule de la croissance du savoir scientifique que Popper réduit à quatre termes sans possibilité d'extension.

Je sais que l'on peut me reprocher d'avoir posé ces deux questions logiques sur un ensemble de sujets qui pouvait n'avoir pas retenu l'attention particulière de Popper. Puisque, renchérirait-on, le problème de Popper était, ici, d'une part de trouver et mettre en œuvre une « méthode unique » en sciences aussi bien empiriques que sociales et/ou humaines, et d'autre part de justifier le progrès de la science et de la connaissance qui en découle par le moyen du schéma à quatre termes qu'il a présenté – c'est-à-dire « $P_1 \rightarrow TT \rightarrow EE \rightarrow P_2$ » – tout en étant sûr que chacun est libre de trouver « son » monde le meilleur possible. Ce serait une objection justifiée. J'en conviens, certes. Mais, si tant est que je tienne – ainsi que je l'ai osé – ces deux aspects de la pensée poppérienne (la question de la méthode et la question du progrès de la connaissance scientifique) pour des « objets cognitifs », ceci pourrait certainement justifier le fait de (me) poser *épistémo-logiquement* ces deux questions sur l'épistémologie poppérienne.

Première question épistémo-logique :

La question du paradoxe méthodologique

Ce que j'aurais à dire de la méthode poppérienne qui *ne réussit pas* à complexifier l'expérience, quand Popper l'applique à l'action socio-politique, une attitude qui crée ni plus ni moins qu'une situation de *« paradoxe méthodologique »*, se résume en somme comme suit :

(i) En amont Popper plaide pour une « liberté de méthode » en sciences (comme en politique) tandis qu'en aval il dit restrictivement de la méthode qu'elle « est unique en sciences » ;

(ii) *« Popper ne s'intéresse guère aux autres civilisations que l'occidentale »*[21], société capitaliste évoluée, libérale, qu'il prend pour le modèle achevé des sociétés de la planète-terre : le meilleur des mondes possibles, comme si les efforts des Occidentaux étaient universellement plus importants et efficaces que ceux de tout autre homme dans la société universelle ;

(iii) Fort paradoxalement, Popper distingue entre les « *sociétés sans histoire* » ou « sociétés froides » et les « *sociétés avec histoire* » ou « sociétés chaudes » d'une « *humanité universelle* », en n'accordant de valeur qu'aux « sociétés avec histoire » représentées par la « société occidentale », seul gage présumé du développement efficace et durable de la science et d'une différenciation individuelle que gère une intersubjectivité (du reste) désincarnée de l'humain universel.

[21] Renée BOUVERESSE, *Karl Popper ou le rationalisme critique*, Paris, Vrin, 1998, p. 149.

Chapitre I

Le paradoxe méthodologique

I.1- Des considérations méthodo-théoriques

Je constate que la méthode poppérienne, qui légitime si bien la scientificité de la pensée ou de n'importe quel autre phénomène par la réfutabilité argumentative, *ne réussit pas* à complexifier l'expérience, quand Popper l'applique à l'action socio-politique. Une telle attitude ne crée ni plus ni moins qu'une situation de « paradoxe méthodologique » si l'on considère qu'en amont Popper postule pour une « liberté de méthode » en sciences (comme en politique) tandis qu'en aval il se réduit à l'unicité de la méthode « unique en sciences ». On ne citera jamais assez les thèses de *La Logique de la Découverte Scientifique*, surtout en sa préface à l'édition anglaise de 1959. Plus d'une fois, en fait, Popper a reproché aux analystes du langage de se considérer comme les praticiens d'une méthode propre à la philosophie. La raison est que Popper croit à la thèse selon laquelle : « *Les philosophes sont aussi libres que d'autres d'utiliser, dans leur recherche de la vérité, n'importe quelle méthode. Il n'y a pas de méthode particulière à la philosophie* »[22].

Pourtant, Popper est lui-même « *tout prêt à admettre qu'il y a une méthode que l'on pourrait décrire comme la méthode de la philosophie* (...), *la méthode de toute discussion rationnelle et donc des sciences naturelles aussi bien que de la philosophie* »[23].

Il s'agit, à tout le moins, de la méthode du « *trial and error* », ou méthode critique par essai et erreur. C'est d'autant

[22] Karl Raimund POPPER, *La Logique de la Découverte Scientifique*, Préface à l'édition anglaise de 1959, p.12.
[23] Karl Raimund POPPER, *Ibid.*, p.13.

plus acceptable quand on se fixe sur ses protocoles informatifs. En revanche, par certains aspects de son application, la méthodologie poppérienne est restrictive et risque de (faire) basculer au « *discours de la méthode* » de Descartes dont les énoncés primitifs sont aussi des principes de la rationalité critique (quoi que renfermée sur l'*évidence* par quoi elle s'ouvre).

Cette situation de paradoxe méthodologique se manifeste davantage dans l'application de la méthode à l'analyse politique du phénomène social, application qui est bien le corollaire de l'impact gnoséologique. En effet, à *la violence* qui caractérise les sociétés de dictature et de tyrannie, Popper substitue la « discussion rationnelle » comme démarche argumentative dans la prise en compte et dans le traitement des activités et des rapports sociaux. Il en reconstitue le lien dans *La Quête inachevée*, lorsqu'il redéfinit la vocation commune de ses ouvrages et textes majeurs de philosophie politique, à savoir *La Société ouverte et ses ennemis*, en ses deux tomes (1979), *A la recherche d'un monde meilleur* (1984), *Misère de l'historicisme* (1988), *La leçon de ce siècle* (1993), *Toute vie est résolution de problèmes* (1997) et « La proportionnelle trahit la démocratie » [En ligne], (21/02/2007). Ces ouvrages et textes majeurs font un vif plaidoyer de la *liberté* contre toutes formes d'idées totalitaires et autoritaires, et se constituent ainsi en une mise en garde sévère contre les dangers de superstitions historicistes. Ils ont d'ailleurs été conçus à partir de la gnoséologie de *La Logique de la Découverte Scientifique*, puis de la conviction que les idées, souvent inconscientes, relatives à une théorie de la connaissance et à ses problèmes essentiels, justifient notre double rapport à nous-mêmes et à la politique[24].

L'on peut constater en ce sens que la méthode critique fonctionne avec la même rigueur aussi bien pour la théorisation de la connaissance que pour la théorisation des problèmes sociaux. Le but d'une telle mise en application a été, pour Popper, ainsi qu'on peut le comprendre, de critiquer le déterminisme historique, les projets politiques utopistes, le

[24]Karl Raimund POPPER, *La Quête inachevée. Autobiographie intellectuelle*, traduit de l'anglais par Renée Bouveresse, Paris, Calmann-Lévy, 1981, p.159.

totalitarisme et son fondement en science tout comme en politique, en l'occurrence la *violence*. Tel est même le sens de la compréhension qu'ont les éditeurs de *La Société ouverte et ses ennemis* au regard de cette œuvre de philosophie politique, lorsqu'ils reconnaissent que :

> « La Société ouverte et ses ennemis, écrit au début de la Deuxième Guerre mondiale, est un ouvrage de philosophie politique : plaidoyer passionné pour la démocratie, contre le totalitarisme de droite ou de gauche. A la société close et immuable à base de tribalisme et de magie, l'auteur oppose la société ouverte, contrôlée par la raison, où la volonté de l'individu peut librement s'exercer (...). La science, qui repose sur l'expérience, doit pouvoir à chaque instant être remise en question »[25].

Toute construction sociale à vocation de s'ouvrir à l'action politique sociale démocratique peut trouver ici un lieu sûr de constitution. Les constructions humanistes où l'homme se donne les mécanismes de création et d'accomplissement de son *destin collectif* à partir de l'expérimentation et de l'élimination d'erreurs, se trouvent ici interpellées au premier chef.

L'utopisme, quant à lui, procède de la conviction que seule la révolution sociale et la refonte totale du système social sont en mesure de créer les conditions dignes de la vie de l'homme. Or, pour Popper, l'idée même d'une refonte totale de la société n'est que pure illusion. Puisqu'il en est de l'action politique comme du savoir théorique et même de la contemplation esthétique, où notre rapport avec le réel est nécessairement contingenté par la *conjecturalité* des faits et des informations, base indirecte ou directe de notre action. Les utopistes projettent de créer un *homme nouveau* en ruinant la société de sa complexité structurelle. Comment construirait-on ainsi la *société future* si ce n'est pas en ruinant la *tradition* ?

---

[25] Karl Raimund POPPER, *La Société ouverte et ses ennemis,* T.1, *L'ascendant de Platon*, Paris, Seuil, 1979.

Pour Popper, cependant, détruire la tradition équivaut logiquement à déconstruire la civilisation. Il écrit à ce sujet que :

> « Je ne crois d'ailleurs pas que nous puissions jamais nous affranchir totalement des liens de la tradition. Cette prétendue libération n'est en réalité que le passage d'une tradition à une autre. Mais nous pouvons nous affranchir des tabous véhiculés par une tradition, et ce n'est pas seulement en la rejetant, mais en l'acceptant de manière critique »[26].

De ce point de vue, l'action révolutionnaire échouerait sans nul doute, surtout par le fait qu'elle ne prend pas souvent en compte ce que Popper qualifie d'« *élément décisif de la vie sociale* » que constitue le fait qu'il nous est moins nécessaire d'avoir de bons dirigeants que de bonnes institutions. Car, pour lui, le meilleur des hommes peut se trouver corrompu par le pouvoir, mais les institutions, qui autorisent ceux qui sont dirigés à exercer un contrôle effectif sur ceux qui les dirigent, contraignent les mauvais dirigeants eux-mêmes à faire ce que leurs administrés estiment servir leurs propres intérêts.

C'est, pour le moins, la remise en cause de l'élan de construction utopiste de la société idéale, conception qui n'a rien à avoir avec la lucidité rationnelle que prône Popper. Car, elle est préoccupée à sacrifier le présent aux fastes du futur dont les différentes étapes ne seraient aussi que continuellement sacrifiées jusqu'à (donc!) l'extinction du genre humain, si l'on n'y prend garde.

Au bout du compte, à l'action utopiste réductionniste des sociétés closes, Popper substitue la « *socio-technique opportuniste* » qui s'assigne comme vocation de « *prévoir* » la structure des institutions sociales et d'en assurer le fonctionnement, conscient toutefois du fait qu'il lui est

[26] Karl Raimund POPPER, « Pour une théorie rationaliste de la tradition », *Conjectures et Réfutations*. Paru dans *Cahiers S.T.S.* (*Science-Technologie-Société*) *sur Karl Popper*, n°8, Ed. du CNRS, 1985, Paris, pp.11-12.

impossible de construire des institutions à fonctionnement parfait. Cela échappe parfaitement à l'esprit de l'utopiste.

Popper envisage une société qui se fonde sur des présupposés et des postulats essentiellement scientifiques, la science étant toujours aussi conjecturale, aussi provisoire que son objet d'application ne saurait échapper à la logique du « *toujours-aussi-fragile* », la logique du « *toujours-aussi-changeant* ». Puisque, c'est par l'autocritique que la science qui est sujette à des erreurs qu'elle doit inlassablement s'efforcer de corriger doit rechercher la vérité[27].

Voilà pourquoi il permet de défendre la liberté et la démocratie, tout en sachant que la société de l'homme n'est que toujours imparfaite, mais, en revanche, vouée à la perfectibilité à la faveur de la critique rationnelle et de l'esprit humaniste, consacrant toujours ainsi la transition supposée de la société de type tribal ou clos (soumise à des forces magiques aveugles) à la société de type libéral ou ouvert (qui libère les capacités lumineusement critiques de l'homme). Il est historiquement vrai que de telles capacités humaines ne se déploieraient que dans une organisation socio-démocratique comme cadre institutionnel favorable à des réformes de tous genres et sans violence. C'est le lieu présumé de l'opération de la raison dans le domaine politique.

I.2- Du paradoxe méthodologique

Renée Bouveresse consacre la seconde partie de son livre, *Karl Popper ou le rationalisme critique*, à l'analyse critique de la raison pratique telle qu'appliquée par Popper à l'action sociale. Elle en fait une investigation qui, au bout du compte, conforte ma thèse du réductionnisme doublé de paradoxe méthodologique chez Popper, quand elle donne la conclusion selon laquelle :

> « Popper n'est plus social-démocrate, bien que les mouvements sociaux-démocrates puissent, comme l'a

[27] Karl Raimund POPPER, *La Société ouverte et ses ennemis*, *op.cit.*, p.7.

montré B. Magee, se réclamer de ses théories. Et dans ses écrits politiques, les problèmes des inégalités qui subsistent, soit dans la société capitaliste évoluée, soit surtout entre ces sociétés et les pays pauvres de la planète, n'apparaissent que très peu »[28].

Cela est d'autant vrai que « *Popper ne s'intéresse guère aux autres civilisations que l'occidentale* »[29], société capitaliste évoluée, libérale, qu'il prend pour le modèle achevé des sociétés de la planète-terre : le meilleur des mondes possibles. C'est l'une des grandes conclusions à laquelle aboutit Renée Bouveresse au travers d'une quarantaine de pages de cet illustre texte de 1986, réédité en 1998.

De l'analyse qu'elle entreprend lorsqu'elle traite du « Rationalisme critique et politique » à partir de la relation entre « Rationalisme politique et esprit critique », et fait le « procès de l'Historicisme », il est possible d'y retenir un argument critique qui permette de construire l'algorithme de preuve du paradoxe méthodologique supposé dans le penser poppérien.

En effet, « Rationalité politique et esprit critique » rend compte de l'élan utopiste de la réalisation de la société la meilleure possible puis de la critique que formule Popper tout en revendiquant un rationalisme politique critique. Cette rationalité politique authentique est à comprendre par opposition à l'idée spontanée selon laquelle seul serait rationnel celui qui considère la « société » comme un « tout », et ne cherche à agir qu'au niveau de cet « ensemble », de sorte que toute « réforme partielle » est, a priori, vouée à l'échec, puisqu'il n'est de changement qu'au niveau du « système » constitué et ainsi reconnu.

Ce qui se montre explicitement dans cette conception utopiste de la société, c'est le projet de transformation globale de la société en créant les conditions générales d'épanouissement de l'homme. Or, faire ainsi, ce n'est ni plus ni moins que du « *totalisme* » en tant que prétention sévère de

---

[28] Renée BOUVERESSE, *Karl Popper ou le rationalisme critique*, *op. cit*, p.149.
[29] Renée BOUVERESSE, *Ibid.*

maîtriser absolument une situation sociale quelle qu'elle soit dans sa totalité, en se fondant sur une utopie du futur comme construction strictement idéale de l'avenir, quoiqu'il pourrait se réaliser selon les cas, puisque ce qui est « utopique » n'est pas nécessairement l'équivalent logique de ce qui est « irréalisable ».

Pour Popper, en revanche, toute situation n'étant que circonstanciée et tout savoir partiel, il ne saurait être rationnel de concevoir l'utopisme. Car,

> « On ne peut ni connaître la totalité, ni agir sur elle : le tout est ce dont on ne peut rien dire ni faire. Croire pratiquer une science de la totalité sociale, ou mener une action globale est illusoire : le totalisme est intervention sur le réel, et qui agit donc de façon non critique »[30].

En ce sens, le politique développe un optimisme absolu quand il croit détenir la vérité ; il développe un dogmatisme de la vérité quand il manque de comprendre qu'il sied d'agir sur la société dans les limites du savoir de l'homme en vue de construire son bonheur réel. C'est pourquoi, dans sa lutte pour une société idéale comme accomplissement de l'Histoire, l'utopiste à qui échappe la maîtrise de la situation improvise et risque même d'user de violence quand il faudra « rallier tout le monde à sa cause ». Ainsi, de même qu'il est difficile de déterminer les réels maux de la société, de même il sera difficile de déterminer les réformes les plus urgentes. En ramenant toute l'activité sociale à quelques schémas simples, l'utopiste aboutit à la mutilation de la complexité sociétale. Ce n'est donc rien d'autre que de la « tyrannie », expression de la « société close » en tant que forme de société où se perpétue la logique de l'identité, logique de l'autoritarisme, lieu du non-dialogue, de la non-communication et, pour tout dire, de la violence.

A ce type de cadre théorique de vie sociale, Popper oppose la « société ouverte », société de dialogue, de la communication et de la participation inter-subjectiviste de

[30] Karl Raimund POPPER cité par Renée Bouveresse, *Karl Popper ou le rationalisme critique, op. cit.*, p.144.

l'homme à la vie ; une société où se pratique et se perpétue la logique de la différenciation de chaque membre dans la mesure de son effort de socialisation.

Ce que Popper propose donc, et j'en conviens, c'est d'agir *au cas par cas*, c'est-à-dire, *contextuellement*, la politique fragmentaire étant seule réfutable et rationnelle. C'est ce qu'il appelle la « démarche opportuniste ». Méthodologiquement, alors, à l'idéal utopiste de créer le bonheur de l'homme et de la société sur des fondements illusoires, Popper oppose l'objectif d'une élimination récurrente ou d'une minimisation au maximum de la souffrance humaine dont les énoncés primitifs sont émis dans un « langage argumentatif », seul langage crédible pour la communication inter-subjectiviste, parce que critique.

A propos de cette argumentation linguistique dans une société de non-violence, lieu idéal pour tendre vers le « bonheur » de l'humanité, en s'inspirant des thèses fondamentales de *Misère de l'historicisme* (1988) et de *La Société ouverte et ses ennemis* (1979) de Karl Raimund Popper, Emmanuel Malolo Dissakè écrit ce qui suit :

> « En politique, l'échange linguistique à l'occasion du débat contradictoire qui se tient dans la société ouverte est le moyen le plus sûr d'instaurer la bataille d'idées plutôt que la confrontation armée, de laisser mourir nos idées à notre place et d'obtenir le recul tant souhaité de la violence. Il est alors comme le moteur de la civilisation, garant de l'organisation démocratique, recul de l'âge de l'animalité et de la barbarie. Il est donc au fondement de la société ouverte, en tant qu'elle est société d'échanges de points de vue sur l'organisation sociale, le refus de la fétichisation des structures et la confiance en l'homme en tant qu'inventeur et concepteur et de la vie bonne, en tant que susceptible de faire améliorer ses inventions et donc de progresser vers le recul de la misère et la conquête d'un espace toujours plus grand de liberté »[31].

---

[31] Emmanuel MALOLO DISSAKE, *Karl Popper, Langage, falsificationnisme et science objective*, Collection « Philosophies », Paris, PUF, 2004, pp. 9-10.

Cette élimination à quoi s'applique la démarche opportuniste est elle-même conjecturale, de même que l'erreur. C'est ici l'énorme projet de « *ré-éthisation* » de la politique[32] ; une ontologie politique poppérienne visant la création d'une société démocratique, lieu d'expression de la société ouverte lorsqu'il y est mis en exergue et en pratique les libertés et les droits de l'individu inter-subjectiviste ou dialogique, parce que communicationnel.

Cela ne tiendrait que dans les limites de ce que la démocratie s'entend comme le régime socio-politique le moins mauvais où la société serait plus vivable. Puisqu'elle donne le cadre institutionnel général le moins mauvais possible, quand elle n'est pas la loi de la majorité qui peut pécher en devenant tyrannique, mais la loi qui permet au mieux d'éviter la « politique du pire ». Ce sera pour Popper le plus haut degré de la rationalité politique. C'est dans ce sens que, dans l'ouvrage-critique qu'il leur consacre : *La Société ouverte et ses ennemis*[33], Popper considère Platon et Hegel comme des « ennemis de la société ouverte ». A Platon, en effet, Popper reproche la conception totaliste selon laquelle l'individu doit s'aliéner en l'Etat dont les hommes s'autoriseraient tant de censurer l'information que, et donc, de mentir aux autres. A Hegel, Popper reproche le dogmatisme gnoséologique que produit, paradoxalement, la loi de la contradiction qui, elle-même, n'est ni féconde ni productrice dans le processus dialectique de la fin de l'histoire de la philosophie.

Popper critique l'« Historicisme » en tant qu'application de la foi en une fin de l'histoire humaine et sociale que l'homme doit réaliser ou plutôt subir. Il lui reproche de concevoir un ensemble de prédictions absolues de l'avenir que fomente un déterminisme aussi absolu que l'économisme prôné par Karl Marx et un type de marxisme éclairé. Un tel état d'esprit historiciste voudrait conférer aux sciences sociales un caractère méthodologique n'ayant absolument rien d'analogue à

---

[32] Cf. Sémou Pathé GUEYE, *Faillibilisme épistémologique et réformisme libéral. Popper critique de Marx*, Dakar, PUD, 2000.

[33] Karl Raimund POPPER, *La Société ouverte et ses ennemis*, tomes 1 et 2, *op. cit.*.

celui des sciences de la nature, caractères que Popper veut pourtant convergents sur « l'expérimentation critique ».

Popper n'exclut pas la différence méthodologique entre sciences de la nature et sciences anthropo-sociales, et même à l'intérieur de chaque bloc, entre chaque type constant d'individus scientifiques. Il estime, en effet, que toutes les sciences théoriques font usage de la même méthode. C'est bien la démarche hypothético-déductive dont Karl Marx pouvait aussi avoir eu le pressentiment ou la perception. Mais, ce qui discrédite Marx aux yeux de Popper, c'est principalement son « fatalisme politique », sa conception indolente de l'action politique qui impose d'attendre que le système s'écroule de l'intérieur, s'implosant au travers des forces concurrentes qui lui sont inhérentes. Et qui pis est, même si elle peut avoir lieu, l'action politique sous-tend et entretient un « goût pour les révolutions violentes du prolétariat »[34].

Une attention particulièrement soutenue à un tel algorithme argumentatif, ferait relever trois observations possibles.

Première observation

Cette étude révèle l'extension des principes régulateurs de la méthode unique qui, d'ores et déjà, s'applique tant en sciences qu'à l'action socio-politique[35]. Car, de même qu'il n'y

---

[34] Cf. les différentes « Thèses de Karl Marx sur Ludwig Feuerbach », dans Friedrich ENGELS, *Ludwig Feuerbach et la fin de la philosophie classique allemande*, Paris, Editions sociales, 1946.

[35] Pour se convaincre de son projet de « ré-éthisation » de la politique, Sémou Pathé Guèye résume ainsi qu'il suit son *Faillibilisme épistémologique* ..., lorsqu'il établit Popper comme critique de Marx :

« *A la lumière des exigences méthodologiques et normatives du travail scientifique tel qu'il les comprend, et surtout du « faillibilisme » qui constitue le concept fondamental de son épistémologie comme de sa conception générale du monde, Popper s'est évertué à dégager des valeurs et des règles valables selon lui aussi bien pour la pensée que pour l'action, aussi bien pour la science que pour la politique, et qui lui semblent susceptibles par ailleurs non seulement de légitimer mais aussi d'assurer l'efficacité de toute stratégie d'intervention sociale, dans le cadre d'institutions aptes à préserver effectivement la société contre l'arbitraire et la tyrannie* ».

a pas de conception achevée de la vérité ou de conception-type du beau, de même il ne saurait y avoir d'action politique absolument parfaite, le sujet pensant étant régulé par le principe de la faillibilité. Cette vertu ultime de l'esprit humain, qui rend l'homme réellement humain, construit des embranchements étroits à la fois entre l'éthique, la logique et l'esthétique, puis entre l'éthique et la politique. Puisque, autant il est un non-sens de penser à une entreprise scientifique sans éthique, autant il est un contre-sens d'agir sur la société des hommes et des choses en dehors de l'éthique, tout se ramenant à l'homme par qui et pour qui cela est fait.

Deuxième observation

Cette analyse critique rend compte de la prédiction *poppériste* de l'effondrement du régime totalitaire en tant que gage de violences de toute nature à remplacer par un *système participatif* et *délibératif* du régime de démocratie pluraliste où fonctionnent des notions aussi vitales que celles de paix, de citoyenneté, de droits et libertés de l'homme, etc. ; une société où le citoyen vit et agit en faisant vivre et agir la *rationalité politique* à l'instar de la rationalité scientifique. La prédiction *poppériste* renvoie à Popper en un double sens : elle est non seulement faite selon le modèle de la critique poppérienne, mais aussi elle tient fondamentalement de Popper.

Troisième observation

C'est ici mon opposition à la conception poppérienne, lorsqu'il s'agit de savoir dans quel type de société cette vision d'action socio-politique est possible. C'est la situation de

---

A cette lumière donc, c'est sur la base de cette unité fondamentale de la pensée de Popper que Sémou Pathé Guèye fonde un tel projet, surtout en mettant en œuvre le mécanisme par lequel Popper rejette l'utopisme révolutionnaire de Karl Marx et opte pour une « sociotechnique opportuniste » qui fait osciller sa pensée entre le réformisme social-démocrate et la démocratie libérale.

paradoxe méthodologique que je déplore, dont une issue de résolution pourrait bien être l'élan d'élargissement de la formule poppérienne du progrès de la connaissance scientifique. Ceci, en faisant attention à ne pas tomber dans le piège de l'anarchisme méthodologique (souvent mal compris) de Paul Karl Feyerabend, par exemple, qui, sachant qu'il ne saurait exister d'hypothèse qui soit définitive, ne veut absolument « rien perdre », puisqu'il faut « laisser faire », tout allant bien par soi-même. Il est clair, en effet que, même les hypothèses les plus *ad hoc* sont à renforcer à cause de leur nature complexe, la règle étant que : « *l'on ne peut gagner qu'en se donnant les moyens de perdre, et même en cherchant à perdre* »[36].

Je reconnais que Pierre Nzinzi pouvait avoir décelé à sa manière ce paradoxe que je reproche *épistémo-logiquement* à la méthodologie de Popper qui pourtant « *découvre mieux que Socrate la valeur de la communauté comme lieu de la critique mutuelle ou de la discussion rationnelle* »[37]. Mieux que Socrate dont il comprit les implications méta-théoriques du « *daïmonion* », c'est-à-dire du « démon » (ou peut-être de l'ange ! je ne sais) qui seul connaîtrait tout, ne me laissant rien connaître que de savoir que « *je ne sais rien* ». S'il avait voulu en poursuivre l'analyse, le philosophe gabonais aurait donc vu émerger et se consolider un tel paradoxe méthodologique chez Sir Karl dont l'« *attachement au réalisme fait qu'il dénonce la société close comme survivance de la société tribale, qui ignore l'individu, et tend à se considérer comme une totalité organique dont les individus ne sont que des parties* »[38]. Seulement l'orientation de l'identification de ce paradoxe méthodologique poppérien fait de la critique de Pierre Nzinzi essentiellement « internaliste », du simple fait qu'elle ne s'effectue qu'à l'intérieur du système social occidental, pendant qu'il siérait de

---

[36] Alain BOYER, « Sur le peu de méthode », *Cahiers S.T.S., op. cit.*, p.131.

[37] Pierre NZINZI, « La neutralité des sciences et des Technologies en débat. Le cas des NTIC », Session 6: Cultures et langues, la place des minorités (8 p.); III: Société close/Société ouverte dans l'horizon linguistique, p. 4, 2003, *Actes du Colloque "Ethique et nouvelles Technologies. L'appropriation des savoirs en question"*, Beyrouth, 25-26 septembre 2001.

[38] Pierre NZINZI, *op. cit.*, p. 4.

s'efforcer à la circonscrire au-delà même de ce foyer procédural, en la voulant plus « externaliste ». En fait, si pour Pierre Nzinzi :

> « Finalement, ce qui a manqué à la critique poppérienne de la clôture sociale, dont il a le mérite de ne pas faire un phénomène essentiellement moderne, à la différence d'autres penseurs contemporains comme B.H.Levy ou Arendt, c'est simplement le fait de ne pas avoir beaucoup dépassé l'analyse du code doxologique des énoncés du programme platonicien, dans lequel se cantonnent également ses adversaires de logiciens néo-positivistes qui ont réduit la métaphysique en général à la catégorie philosophique de l'évasion (...), c'est-à-dire au statut d'un discours foncièrement conservateur »[39].

Pour ma part, ce que j'ai à dire à nouveaux frais avec Popper, en reprenant une image de Alain Boyer[40], c'est que dans une société humaine ouverte du savoir, société de la libre communication et de la libre critique, de l'audace imaginative et de la sévérité contestataire, Popper réduit la « *vie heureuse* » au seul peuple de l'Occident, prétextant, en revanche, contribuer à empêcher la tyrannie, la stagnation, la fermeture dogmatique de la société close, en prescrivant la raison et le dialogue comme seules alternatives à la violence pour l'humanisme et l'égalitarisme.

Popper croit pourtant à un progrès universaliste qui repose non sur le « *destin* » mais sur les « *efforts des hommes* ».

Mais, alors, en quoi se ferait-il que les efforts des Occidentaux soient universellement plus importants et plus efficaces que ceux de tout autre humain dans la société universelle ?

Cet état de pensée de Popper peut – certainement – trouver justification dans l'estime que l'auteur porte aux thèses de Toynbee pour qui, chacune des *vingt et une civilisations* apparues dans l'histoire est née de la réaction d'une élite à un

---

[39] Pierre NZINZI, *Op.cit.*, p. 5.

[40] Alain BOYER, « Sur le peu de méthode », *Cahiers S.T.S., op. cit.*, p.132.

défi, et ne pourrait se désagréger que sous l'effet de luttes intestines qui culmineraient nécessairement sur l'apparition d'un empire et/ou d'une religion universelle. Du fait que cette condition de possibilité de la désagrégation n'avait pas encore atteint puis ruiné la société occidentale de ce temps de Popper, on ne saurait soupçonner le moindre déclin de la civilisation occidentale.

Ce faisant, Popper ne risque-t-il pas le cloisonnement dans la stricte *mentalité rationaliste* des Lumières de l'époque ? Voilà qu'il court au *relativisme* qu'il reproche tant à Hegel, à Marx, qu'à certains ethnologues et historicistes qui réduisent la pensée à des systèmes dogmatiquement clos ; ou même à Kuhn qui assujettit le scientifique au paradigme de la communauté scientifique de son époque. Voilà encore ce qui retournerait à Popper sa critique du *totalisme*, c'est-à-dire la tendance à croire que les sociétés ou civilisations sont des « *totalités unifiées* ». A quoi s'ouvre donc la société occidentale si l'on se refuse à admettre qu'elle est une « totalité unifiée » ? Quoique cela ne conduise pas à quelque forme d'« utopisme » chez Popper, lui qui plaide pour un processus de « *réforme fragmentaire et prudente* ».

Roland Quilliot peut l'avoir bien saisi, en dépit du fait qu'il ne donne pas la somme d'incidences épistémo-logiques nécessaires qui relèvent de la restitution qu'il ose de l'interprétation occidentalo-centriste que développe Popper du *sens de l'histoire*, en écrivant ce qui suit :

> « Popper donne ici lui-même l'exemple, et propose sa propre interprétation (…) : le fait marquant de l'histoire humaine, c'est le passage de la société close, tribale, immobiliste, dominée par une mentalité magique, à la société ouverte, individualiste, progressiste, caractérisée par l'esprit critique. Et ce passage, qui a commencé en Grèce au Ve siècle, causé par le développement du commerce, et qui a été accentué par l'Occident moderne, est un passage tout compte fait positif »[41].

[41] Roland QUILLOT, « Popper et la question de l'historicisme », *Colloque de Cerisy-la-Salle sur Karl Popper et la science d'aujourd'hui*, du 1er au 11 juillet 1981, Aubier 1989, p.447.

Paradoxal ! Car la saine intention de Popper de nous faire renoncer à tout rêve de *ce qui est achevé* pour nous apprendre à vivre dans *ce qui n'est pas encore achevé*, ce *qui ne satisfait pas*, c'est-à-dire dans le processus de la *crise*, nous conduit inexorablement à vivre les méfaits de la *clôture méthodologique*. Que vaut la société occidentale ou même sa civilisation isolée de toutes les autres ? Il peut encore se poser ici la question du « *sens de l'universel* », pour une « *éthique de l'universel* ». Pourtant la communauté scientifique reconnaît à Popper le fait que :

> « Le monde 1 et le monde 2 appellent, pour résoudre leurs problèmes, des procédures de violence telles que le meurtre et l'intimidation. En revanche, le monde 3 nous offre la recette qui consiste à transposer, dans le traitement des conflits, les méthodes adaptées au traitement des erreurs. Les conflits sont la projection des erreurs. Ils peuvent être éliminés, comme celles-ci, par la rationalité, par la discussion et par la critique. Les Etats démocratiques, plus ou moins affiliés à la société ouverte, ont adopté approximativement, dans leur juridiction interne, la méthode concordataire mais ils ne s'en inspirent pas toujours dans leurs déterminations extérieures »[42].

Fort paradoxal pour Popper qui différencie les « *sociétés sans histoire* » ou « sociétés froides » des « *sociétés avec histoire* » ou « sociétés chaudes » d'une « *humanité universelle* » et qui n'accorde de valeur qu'à la « société avec histoire », la « société occidentale » qu'il considère comme le seul et unique lieu du développement efficace et durable de la science, condition de possibilité d'une différenciation individuelle des sujets inter-subjectivistes. Et pourtant :

[42] Emmanuel FAURE, « La philosophie de Karl Popper et la société politique d'ouverture », in *Karl Popper, Science et Philosophie*, sous la direction de R. Bouveresse et H. Barreau, Vrin, 1991, pp. 279-280.

> « La vie cherche un monde meilleur. Chaque être vivant pris isolément cherche un monde meilleur ou cherche tout au moins à s'arrêter ou ralentir son déplacement là où le monde est meilleur. Et cela va de l'amibe jusqu'à nous. Notre désir, notre espoir, notre utopie sont toujours la découverte d'un monde idéal »[43].

L' « *idéal* », en fait, c'est bien l'expression de « *ce qui est dans la pensée* » et dont l'effectuation attendra toujours de s'accomplir. D'où vient-il que Popper s'arrête à la « civilisation occidentale » ? Il peut trouver une excuse quand il se réfère au « *daimonion* » socratique et résout qu'il ne faut pas sous-estimer le rôle de l'être vivant en quête d'un monde meilleur. Soit ! Mais, comment donc comprendrait-on autrement ce mot révélateur de *L'avenir est ouvert* selon lequel :

> « Toutefois, ma thèse sur le présent est la suivante : nous vivons ici, en Occident, je sais bien qu'il existe un tiers monde où il en va différemment, dans le monde relativement le meilleur, le plus juste et le plus protecteur que nous ayons jamais connu dans l'histoire ; nous vivons dans un monde libre, un monde où les plus grandes possibilités nous sont offertes, un monde où nous pouvons nous exprimer librement. C'est un monde comme il n'en a jamais existé jusqu'à présent »[44].

---

[43] Karl Raimund POPPER, *L'avenir est ouvert*, Paris, Flammarion, 1990, p. 20. Lorsqu'en 1992, c'est-à-dire 2 ans avant sa mort, Popper écrivait *In Search of a better World*, il suggérait là le véritable sens de la « démocratie » comme une société ouverte à laquelle chacun était appelé à participer. Jean-Luc Evard (traducteur) et Jean Baudouin (préfacier) de ce livre, *A la recherche d'un monde meilleur*, comprendront par là même, en 2000, l'enjeu de la haine constante qu'éprouvait le philosophe viennois contre la violence, le mensonge et l'injustice, sa passion pour la liberté de l'individu et sa foi optimiste, son « pari » donc, dans les capacités de l'homme en qui résonne et s'illumine comme une étincelle divine qui active et redynamise sa faculté de choisir entre le bien et le mal, puis de juger logiquement entre le vrai et le faux.

[44] Karl Raimund POPPER, *L'avenir est ouvert*, Paris, Flammarion, 1990, *op. cit.*, pp.130-131.

Ainsi se conçoit le sens du paradoxe méthodologique relevé dans le penser poppérien. Puisque, quand elle n'apparaît pas comme un « instrument » en science, parce que c'est une attitude, un mode de pensée et de vie, et donc une éthique, la méthode s'emploie comme un « outil » en histoire : le principe et l'esprit de la méthode critique qui fonctionne *procéduralement* pour lire l'histoire des sociétés. Ce qui a permis de dire la société ouverte, et, malheureusement, avec ceci de paradoxal que la « société libérale », le « modèle capitaliste », est le seul modèle possible, devenant ainsi le lieu exclusif du bonheur de l'homme : la meilleure des sociétés possibles.

Popper avait certainement minimisé la vérité certaine qui consiste à dire que l'erreur principale de la culture européenne (en cette situation précise) était de croire qu'elle était « universelle », alors qu'elle véhiculait « massivement » des particularités singulières. De là le contraste entre la vocation de la méthode critique, qui est de construire une société ouverte, et la résultante de l'applicabilité du principe qui, en faisant de la société capitaliste l'unique modèle où l'homme vive pleinement son humanité, construit en effet un type de société close.

Voilà donc ce qui consacre ce que j'ai appelé le « paradoxe méthodologique » poppérien, dont l'argumentation rappellerait un type de syllogisme invalide à l'intérieur duquel :

(i) La proposition majeure serait : « *la vocation pour la méthode critique est de produire une société ouverte* » ;

(ii) La proposition mineure : « *l'application de la méthode critique produit une société close* » ;

(iii) La conclusion : « *alors, la vocation de la méthode critique est de produire une société à la fois ouverte et close* ».

Paradoxal !

Il peut tout aussi bien être rappelée ici la solution que Bertrand William Arthur Russell donne au paradoxe logique des classes ou des ensembles, en concevant la théorie simple des types qui renvoie au rapport entre les individus d'une classe et la classe concernée[45]. Russell aboutit à la conclusion selon laquelle : « *une classe ne peut ni satisfaire ni ne pas satisfaire la fonction qui la définit* ».

Ainsi, il est contradictoire que « la méthode critique » (en tant que classe générale de laquelle on part) conduise à la fois à la « société ouverte » et à la « société close » (comme constantes d'individus singuliers). En ce sens, elle ne pourrait « ni satisfaire ni ne pas satisfaire » le type de société qui la définit. On aboutit justement à un paradoxe ou une antinomie, chaque branche de l'alternative conduisant à une contradiction.

---

[45] Bertrand William Arthur RUSSELL, « La philosophie de l'atomisme logique », (1919), traduction française par J.-M. Roy, *Ecrits de logique philosophique*, Paris, PUF, 1989, pp. 335-442. Voir aussi les écrits de 1956 ; 1992.

Deuxième question épistémo-logique :

La question de l'élargissement de la formule de la croissance du savoir scientifique

Ce que j'ai à dire de l'exigence d'élargissement de la formule poppérienne de la croissance du savoir scientifique peut s'entendre dans la réponse à la question suivante : pourquoi Popper pose-t-il d'aussi énormes obstacles à l'élargissement de la formule ou schéma de la croissance du savoir scientifique ?

Elargir la formule de la croissance du savoir scientifique est une exigence logique souvent perçue par Popper lui-même, mais à quoi il ne s'est jamais résolu de travailler tant dans *La Quête inachevée*, dans *Conjectures et Réfutations* que dans *La Connaissance Objective*, des ouvrages qui rassemblent des textes qui sont au départ des articles et des communications pendant des conférences, des séminaires et/ou colloques internationaux sur des thèmes aussi variés que complexes portant sur la science, la politique, l'histoire, l'éthique, l'esthétique, etc. Des textes qui rendent compte des incidences métaphysiques, gnoséologiques, épistémologiques et ontologiques des débats sur la science, la politique ou l'histoire qui ont, par moments, attiré l'attention de l'auteur.

La Quête inachevée aurait dû retenir mon attention sur le sujet si Popper y avait effectivement formulé le schéma. Il ne le fait ici du reste que de manière indicative lorsque, au chapitre XXIX, il traite des rapports corrélatifs aux « problèmes et théories » tel que cela fonctionne dans ce qui se trouve être la structure <E-R-M> où l'éliminabilité (E) apparaît comme l'âme de la réfutabilité (R) sur la méthode (M), lorsque ce processus d'élimination d'erreurs se découvre aux confins du *problème* et de la *théorie* ; un ensemble de rapports de double implication ou de bi-conditionnalité dans lesquels la *théorie*, en tant que solution suggestive, peut ou non précéder le *problème* qui l'implique et la présuppose.

C'est donc dans les deux autres ouvrages que Popper formule explicitement le schéma de la croissance du savoir scientifique.

Mon élan de construction de l'élargissement du schéma poppérien porte d'abord sur la restitution des conditions d'élaboration de la formule par Popper lui-même, avant de déterminer la structure d'élargissement envisagée.

Chapitre II

Elaboration de la formule de la croissance du savoir scientifique et hésitations poppériennes

II.1- Du processus d'élaboration de la formule de la croissance du savoir scientifique

C'est dans *Conjectures et Réfutations*, et précisément au Séminaire de Philosophie tenu au Cantorbury College, en 1937, que Popper inscrit le processus de sélection sous la forme d'un « *schéma assez sommaire* »[46] qu'il appellera plus tard (en 1965-1966) la « *chaîne d'évolution fondamentale de la science* » par la formule devenue célèbre et historique : $P_1 \rightarrow TT \rightarrow EE \rightarrow P_2$, et dont il n'a jamais cessé de présenter des variantes plus complexes. Pour Popper, en fait : « *L'ensemble de ce schéma montre que la science commence avec des problèmes et aboutit à des problèmes, et qu'elle progresse grâce à l'audace créatrice des théories, ainsi qu'à la critique des diverses théories en concurrence* »[47].

L'enjeu d'une telle formule consiste donc à circonscrire l'évolution de la pensée humaine par la méthode scientifique des essais et erreurs, analogue à la méthode dialectique dans son aspect positif – pas positiviste, du reste – telle qu'élaborée par Hegel et analysée par Popper[48]. La réussite ne résultera que de la quantité et de la diversité des essais, puisque, plus nombreuses seront les tentatives, plus grandes les chances de voir l'une d'elles porter. Popper prévient (pourtant !) du danger de faire passer la procédure pour une « recette ». Il écrit à propos que,

---

[46] Karl Raimund POPPER, *Conjectures et Réfutations*, *op. cit.*, p. 588.
[47] Karl Raimund POPPER, *ibid.*
[48] Karl Raimund POPPER, *op. cit.*, pp. 456-489.

> « Cela ne veut pas dire que si l'on emploie cette méthode, la réussite soit *nécessairement* assurée ou qu'un échec signifie *nécessairement* que la méthode n'a pas été appliquée. Autrement dit, il ne s'agit pas d'une recette dont les résultats seraient assurés : une telle méthode n'existe pas »[49].

L'emploi répété de l'adverbe « *nécessairement* » que je souligne dans cette citation comme l'expression d'une relation strictement logique entre un antécédent et son conséquent, est ici sujet à confusion et même à contestation dans le penser poppérien qui érige la méthode d'élimination en « méthode unique des sciences ». Je l'ai déjà relevé plus haut en en indiquant les incidences épistémo-logiques de réduction gnoséologique et de paradoxe méthodologique.

L'analogie faite à la méthode dialectique d'obédience hégélienne, qui fonctionne selon des modalités de la triade thèse-antithèse-synthèse, est en soi révélatrice de l'intention demeurée inavouée de Popper devant la nécessité de complexifier le schéma de l'évolution de la pensée humaine connaissante. Car, si la « synthèse » (troisième moment supposé de la chaîne) se donne comme « solution », une telle solution

> « peut correspondre à son tour au premier moment d'une nouvelle triade, notamment si cette synthèse particulière se révèle unilatérale ou insatisfaisante à quelque autre égard. En ce cas, en effet, un conflit se fera jour à nouveau, et cette synthèse pourra alors être définie comme une nouvelle thèse qui aura, elle aussi, suscité une antithèse. La triade dialectique passera ainsi à un niveau supérieur, et elle sera susceptible d'atteindre un troisième niveau lorsqu'une seconde synthèse sera apparue »[50] .

Jusqu'à quand alors la synthèse se déploiera-t-elle ainsi *évolutivement* ? Et jusqu'à quand thèse et antithèse se

---

[49] Karl Raimund POPPER, *ibid.*, p. 457.
[50] Karl Raimund POPPER, *ibid.*, pp. 458-459.

constitueront-elles en de nouvelles conditions de situation problématique ? Certainement autant de temps que l'esprit connaissant n'aura pas trouvé ce qu'il cherche, dira-t-on ! Mais, avec la conviction qu'il ne trouvera rien de semblable, puisque étonné de ce que la perspective de la recherche se renverse en ceci qu'il cherche ce qu'il ne trouve pas et trouve ce qu'il n'a point cherché, selon ce qu'enseigne le principe de la « *serendipity* » très significative de la méthode du « *trial and error* ».

II.2- Des hésitations poppériennes à l'élargissement de la formule de la croissance du savoir scientifique

C'est une intention inavouée d'élargissement du schéma à quatre termes de l'évolution de la connaissance scientifique qui n'en finira pas de rejaillir, en 1966 encore, lors de la « Compton Memorial Lecture ». C'est la continuité de la systématisation de 1965, telle que cela ressort de *La Connaissance Objective.*

Ainsi, à la « Compton Memorial Lecture », la formule est encore $P_1 \rightarrow TT \rightarrow EE \rightarrow P_2$, c'est-à-dire que la science commence et finit sa course vers la problématique de la connaissance par des problèmes soumis à l'argumentation critique. Popper l'appelle ici « *processus de sélection des théories* », sélection naturelle au niveau préscientifique, puis examen critique ou plutôt expérimentation au niveau scientifique.

Une autre preuve d'intention d'élargissement du schéma s'entend quand Popper constate que l'on peut considérer ce schéma à quatre termes comme un perfectionnement de la triade dialectique, et que, comme celle-ci, il résume aussi bien l'évolution préscientifique que le progrès de la science[51].

De ce point de vue, le Cantorbury University College (1937) et la Compton Memorial Lecture (1966) donnent une formule qui, délibérément, délaisse l'ensemble des situations métaphysiques (le cas de celles qui sont préscientifiques) périphériques aux problèmes théoriques (ceux de nature

---

[51] Karl Raimund POPPER, *ibid.*, p. 588.

scientifique) qui sont nécessairement inhérentes et intégratives à la problématisation. C'est pourquoi le schéma s'ouvre par un problème ou un ensemble de problèmes (P_1), sans en dire les conditions d'émergence, puis culmine sur un nouveau problème ou un ensemble de nouveaux problèmes (P_2), sans en prévenir l'au-delà métaphysique ou même éthique. Cette conséquence justifie ainsi légitimement l'élan d'élargissement du schéma poppérien de la connaissance objective.

Dans *La Connaissance Objective. Une approche évolutionniste*, au cours de la Conférence du « Memorial Arthur Holly Compton » à l'Université de Washington, le 21 avril 1965, Popper présente en trois temps la formule qu'il consacre à la « *chaîne d'évolution fondamentale* » de la pensée scientifique. Il va sans dire que la résolution des problèmes s'effectue toujours par la méthode d'essais et erreurs, c'est-à-dire soit par élimination complète de l'erreur soit par évolution à titre d'essai des contrôles par l'erreur à éliminer. Il pose d'abord : $P \rightarrow TS \rightarrow EE \rightarrow P$[52].

Il ressort de cette première formulation que, d'un premier problème on tend vers la solution à l'essai par élimination de l'erreur, pour culminer sur un nouveau problème. Ici, la chaîne court tant soit peu le risque d'être prise pour un « cycle » répétitif et donc accumulatif, quoique Popper s'en défende par un argument qui le conduit à réécrire le schéma. Il estime, en effet, que :

> « Cette chaîne n'est pas un cycle ; le second problème est en général différent du premier ; il est le résultat de la nouvelle situation engendrée, partiellement, par les solutions à l'essai qui ont été expérimentées, et par l'élimination de l'erreur qui les contrôle. Pour préciser cela, on devrait réécrire le schéma précédent »[53].

Et, la réécriture donne la formule selon laquelle : $P_1 \rightarrow TS \rightarrow EE \rightarrow P_2$.

[52] Karl Raimund POPPER, *La Connaissance Objective*, *op. cit.*, p. 367.
[53] Karl Raimund POPPER, *ibid.*

Ce qui, malheureusement, ne saurait satisfaire du tout. Car, ici encore la chaîne court le risque de manquer la multiple possibilité de cas des essais de contrôles. Popper en prend conscience. Il ouvre à la pluralité de solutions à l'essai ou à la multiplicité des essais. C'est ainsi qu'il construit la méta-réécriture suivante[54] :

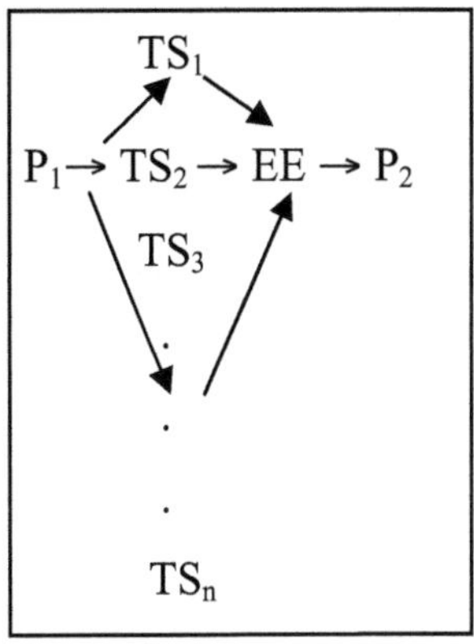

Même sous cette méta-forme, l'on se rend bien à l'évidence que la formule qui peut ressembler à une marque du néo-darwinisme ne prend pas garde à « P_n ». A moins que ce ne soit implicitement, les problèmes étant eux-mêmes multiples par nature. Popper ne multiplie et ne diversifie que « TS », jusqu' à « TS_n ». Or, il est tout aussi logiquement exigent d'expliciter la multiplicité de « P », jusqu'à « P_n ». Ce que je tente de faire en vue de repréciser le défi de la complexité du schéma de la croissance de la connaissance scientifique à partir d'une croissance insoupçonnée (du reste) de la connaissance préscientifique que représentent les différents présupposés métaphysiques que je constitue en les replaçant au fondement et au-delà de toute chaîne d'évolution.

En clair, contrairement à la double référence des *Conjectures et Réfutations*[55], l'intention poppérienne

[54] Karl Raimund POPPER, *ibid.*
[55] Karl Raimund POPPER, *ibid.* p. 588.

d'élargissement du schéma d'évolution de la science et de la connaissance scientifique est ici avouée, et, même osée. Les deux tentatives de réécriture de la formule qu'il donne en produisent la preuve. Seulement, Popper manque de se résoudre à l'élargissement ; il éteint la flamme à mi-chemin et délaisse *préjudiciellement*, parce que à tort, un élément très important du phénomène, à savoir la diversité complexe des situations de problèmes. Ceci, il ne l'osera qu'une année plus tard, à l'Université de Denver.

En effet, c'est dans son adresse inaugurale au Premier Colloque international à l'Université de Denver, du 16 au 20 mai 1966 que, décrivant le « *schéma tétradique général du développement des théories scientifiques* », Popper rassure que le résultat de l'argumentation critique conduit à l'émergence d'un ensemble de nouveaux problèmes qui peuvent être des méta-problèmes plus profonds et plus imprévus. Ainsi la formule $P_1 \rightarrow TT \rightarrow EE \rightarrow P_2$ deviendra une suite de multiples possibilités de cas de tentatives de théorisation à l'essai et de position de nouveaux problèmes. Ce qui justifie l'idée d'« *émergence* » dans des contextes logiques et épistémologiques précis, telle une amélioration sur fond de rationalisation du schéma dialectique hégélien en tant que volonté et élan de recherche de contradictions performatives. La méta-formule[56] sera alors :

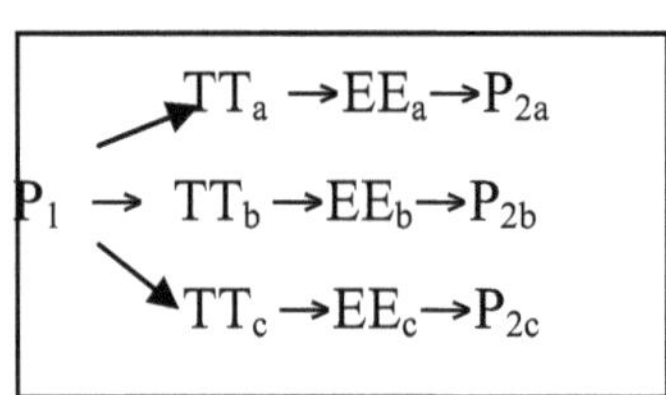

Seulement, la variabilité de « P_2 » n'apparaît ici que comme un même problème à multiples aspects. Or, d'autres nouveaux ensembles de problèmes plus divers et davantage

[56] Karl Raimund POPPER, *La Connaissance Objective. Une approche évolutionniste*, *op. cit.*, p. 428.

complexes peuvent surgir. Popper y a-t-il pensé ? Comment le saurait-on ?

Toutefois, il est à reconnaître que la logique classique de la découverte scientifique, portant sur le principe de la non-contradiction, ne favorise pas de nouvelles constructions de la vérité. Le mérite de Popper est de dire que la vérité est en soi une « *idée régulatrice* » de la recherche scientifique, là où la dialectique hégélienne en faisait une « *idée directrice* ». En effet, pour Popper,

> « On peut en réalité considérer mes divers schémas du type $P_1 \rightarrow TT \rightarrow EE \rightarrow P_2$ comme des améliorations et des rationalisations du schéma dialectique hégélien : ce sont des rationalisations parce qu'ils fonctionnent entièrement à l'intérieur du cadre de l'organon du rationalisme critique, la logique classique, qui repose sur la loi dite de non-contradiction ; autrement dit, sur l'exigence de devoir éliminer les contradictions chaque fois qu'on en découvre. L'élimination critique de l'erreur au plan scientifique s'opère au moyen d'une recherche consciente des contradictions »[57].

Ici encore, devrait-on constater, l'intention poppérienne d'élargissement du schéma de la chaîne d'évolution fondamentale de la pensée scientifique s'affirme et se conforte, mais ne s'effectue point. Cela se vérifie au troisième Congrès International de Logique, Méthodologie et Philosophie des Sciences (CLMPS)[58] organisé du 25 août au 2 septembre 1967,

---

[57] Karl Raimund POPPER, *ibid.*, p. 440.

[58] L'année 2011 a connu la ville de Nancy (en France) comme capitale mondiale de Logique et de Philosophie des Sciences. Puisque cette ville a abrité le XIVe Congrès International de Logique, Méthodologie et Philosophie des Sciences, du 19 au 26 juillet 2011, réunissant plus de 1.500 participants, parmi lesquels figuraient les meilleurs spécialistes internationaux en logique et philosophie des sciences.

Ce XIVe Congrès de Logique, Méthodologie et Philosophie des Sciences a été organisé sous le haut patronage du Président de la République Française, sous les patronages du Ministère de l'enseignement supérieur et de la recherche, de l'UNESCO, de la Commission nationale française pour l'UNESCO, de l'Académie des Sciences, de l'Académie des Technologies et

quand, le 25 août 1967, Popper nomme la célèbre formule « *schéma simplifié à l'extrême* »[59], le schéma qui exprime le processus de rétroaction de nos créations sur nous-mêmes. Un type d'interaction fondamentale entre le Monde 3 et le Monde 2, garantissant l'émergence autonome de nouveaux problèmes, et donc le développement de la connaissance scientifique. A l'origine, estime Popper, un tel schéma est valide aussi bien pour le monde animal que pour l'homme primitif, devenant le schéma du développement de la connaissance scientifique grâce à la critique rationnelle.

La simplification se note encore et se conforte davantage à la Conférence de Vienne, le 3 septembre 1968, sous forme de schéma général de résolution des problèmes par la *méthode des conjectures et réfutations*. L'expression qu'utilise Popper à la page 260, pour dire l'évaluation critique de la « *vérisimilitude* » du progrès scientifique par la comparaison entre « P_1 » et « P_2 » en tant que situations problématiques récentes, en est plus que révélatrice quand elle projette alors cette nécessité ressentie d'élargir le schéma sursimplifié pour en reconnaître la complexité naturelle. Le contenu de « P_n » doit être conjecturé, la science progressant par *essais et erreurs* dans le sens du

---

avec le soutien du CNRS, du PRES de l'Université de Lorraine, de la Faculté de Droit, Sciences économiques et Gestion, de la région Lorraine, du Conseil général 54, du Grand Nancy et de la ville de Nancy ainsi que de St Gobain-PAM SA et du Goethe Institut.

La Société de Philosophie des Sciences (SPS), Association scientifique à vocation de promouvoir des recherches en tous domaines concernant la Philosophie des sciences, hébergée au 45 de la rue d'Ulm (ENS), Paris 05, dont je suis membre à part entière depuis 2008 a eu, au cours de ce XIVe CLMPS, deux participations (et même trois) qui ont constitué des sessions dites « affiliées », organisées en parallèle du programme « Logique, Méthodologie et Philosophie des Sciences ». Ces sessions affiliées de la SPS sont :

- (i) organisation d'une table ronde sur le thème « Le futur de la philosophie des sciences » ;
- (ii) organisation d'une session pluridisciplinaire sur « Les sciences du climat » ; et
- (iii) Daniel Andler, Président du Comité Duhem, a fait part du projet d'organiser également une session sur l'enseignement appuyé sur les technologies.

[59] Karl Raimund POPPER, *ibid.*, p.198.

problème au méta-problème, de la théorie à la méta-théorie, de l'élimination à la méta-élimination, c'est-à-dire, de « P_{n1} » au « méta-P_{n1} », et ainsi de suite.

Quoiqu'ainsi conçu, le schéma ne se valide guère pour la complexification du phénomène de la pensée connaissante, symbole de la créativité dynamique, puis légitimation du principe d' « *émergence* » cher à l'histoire et la méthodologie des sciences non classiques pour une logique efficace de la découverte scientifique. Par le fait de sa fonction descriptive et argumentative, le « langage » fait exister la logique de la découverte scientifique telle une procédure ou un « *organon* » de la critique. Puisque, c'est lui seul qui rend possibles la description, l'argumentation, la communication et l'intersubjectivité, gage de la prospérité de la science[60]. Ainsi, pour Popper, l'intérêt majeur de la science et de la philosophie tient aussi à leurs fonctions (linguistiques) descriptive et argumentative[61] : elles décrivent et argumentent sur les faits de la réalité lorsqu'elles doivent produire la connaissance de la vérité correspondant à de tels faits. Ce qui fait dire à Emmanuel Malolo Dissakè que :

> « A la limite, sans être cohérentiste comme lui, Popper serait à peu près d'accord avec Neurath pour dire que la connaissance est « foncièrement linguistique », non pas parce qu'elle « commence et finit avec des énoncés » selon le mot de A. Soulez, mais simplement parce que sans énoncés –les conjectures, les argumentations visant à la réfutation des essais proposés, l'exposé de la conception de l'expérience et de son objet– il n'y aurait pas de science du tout (…) L'instrumentalisme poppérien en matière de langage est impossible à mettre en œuvre sans une théorie de la vérité-correspondance ou redondance précisément développée par Tarski ; mais tout cela n'est lui-même que la conséquence de la thèse

---

[60] Cf. Emmanuel MALOLO DISSAKE, *Karl Popper, Langage, falsificationnisme et science objective*, Paris, PUF, 2004, p. 12.

[61] Karl Raimund POPPER, *Conjectures et Réfutations*, *op. cit.*, p. 433, thèse 3. 1.

générale structurant l'épistémologie de Popper sur l'objectivité et le but de la science, elle-même reprise du projet kantien après la révolution einsteinienne »[62].

C'est dans ce sens qu'il conviendrait alors de concevoir le « *diagramme à quatre termes* » de Popper telle une évaluation critique de la « *vérisimilarité* » en fonction de la fécondité de nouveaux problèmes par rapport à l'ancien problème quand s'effondre la théorie existante dans la lutte des théories concurrentes pour la scientificité.

De ce point de vue, il n'y aurait plus d'hésitation à concevoir la théorie rationnelle d'émergence comme une hypothèse efficace (mais pas incorruptible, parce que réfutable) de l'élargissement du diagramme poppérien à quatre termes. C'est un fondement ultime de l'exigence d'élargissement qui permet de saisir le développement de la science et de la connaissance qui en découle non de manière répétitive ni accumulative, mais de façon réfutative. La science, son objet et son histoire connaissent une évolution en processus d'élimination d'erreurs et en solutions de contrôles par l'erreur à éliminer. Il s'impose ainsi légitimement la nécessité de complexifier le schéma de la chaîne d'évolution de la pensée connaissante… Mon algorithme de démonstration de la nécessité d'élargir la formule poppérienne du savoir scientifique a-t-il convaincu ? Sinon, que cela nous donne matière à réfléchir.

---

[62] Emmanuel MALOLO DISSAKE, *op. cit.*, pp. 10 et 16.

Chapitre III

Des incidences méta-théoriques

La considération des problèmes que permet de poser la formule poppérienne de la croissance du savoir scientifique culmine sur un certain nombre d'incidences méta-théoriques dont l'intelligence permet de refixer quelques aspects de l'interprétation du penser poppérien. En effet, la connaissance de cette formule inspire principalement trois choses :

1. Comprendre mieux le penser poppérien, et par extension, « *ce que Popper est* », mieux que lorsque je l'ai reçu en première lecture ;
2. Comprendre mieux la condition de possibilité d'émergence et de progrès aussi bien de la science que de la connaissance scientifique qui, dans leur histoire, tiennent fondamentalement du « *problème* » et de la « *théorie* » dans leur symbiose au sein de la formule de la croissance du savoir scientifique ;
3. Comprendre mieux « *l'essence du Monde 3* » tant est qu'il nous offre la stratégie qui consiste à transposer la méthode adaptée au traitement des erreurs dans le traitement des conflits sociaux.

- ***Premièrement : « Ce que Popper est »***

III.1- *Karl Raimund Popper : le « dernier » rationaliste du XXe siècle ?*

Dans son article « Karl Popper, le dernier rationalise »[63], Philippe Thureau-Dangin présente Popper comme le dernier rationaliste possible du XXe siècle ; aussi se demande-t-il si

[63] Philippe THUREAU-DANGIN, in *Dynasteurs*, janvier 1991, pp. 85-87.

Popper n'est pas pour autant un réaliste fieffé, et donc un « spiritualiste ».

Je considère que cet argument est valide, et ce pour les raisons suivantes.

D'abord, la symbolique poppérienne fonctionne autrement que les formes de symbolisme logique classique. Il a certainement manqué au symbolisme logique classique la clé de la réfutabilité pour fonctionner tel que l'aurait voulu Popper, c'est-à-dire de façon critique. En effet, Popper ne combat pas pour la vérité absolue, quoiqu'il l'accrédite en certaines circonstances. La symbolique logique poppérienne lutte pour des conjectures, contrairement à la symbolique classique qui combat pour la vérité définitivement établie. Car, Popper estime que la science doit rechercher les conditions de possibilité d'invalidation de la théorie scientifique plutôt que d'en célébrer la validation qui n'a de sens qu'en tant que conjecture. Il est clair ici que le problème de Popper n'est pas la « vérité absolue », mais son problème est de savoir comment connaître de façon critique. Or, ce qui jauge de la connaissance de façon critique, c'est le « langage ».

Ensuite, une telle symbolique non classique est une véritable machine de la contestation rationnelle et de la critique, un filtre méthodologique qui ne retient que les moments de la pensée lucides et conscients de leurs conditions d'invalidation, gage des hypothèses scientifiques, c'est-à-dire des hypothèses qui ont fait la preuve de la réfutabilité. L'outil de pensée critique est donc ce qui a certainement manqué au symbolisme logique classique pour fonctionner réfutativement. Tout comme Leibniz, Popper estime qu'on n'a besoin que du « principe », et, lorsqu'on l'appréhende, le reste n'est plus qu'affaire d'application.

Si donc Christian Schmidt dit de Popper qu'il est « *cet épistémologue difficile à classer, ce philosophe critique appartenant à la tradition classique, jusque dans les relations qu'il n'a cessé d'entretenir avec la pensée scientifique de son temps* »[64], et qu'il est « *un philosophe classique malgré lui* »[65],

[64] Christian SCHMIDT, Avant-propos de *La Quête inachevée.*
[65] Christian SCHMIDT, *ibid.*

je dis pour ma part que la tradition classique ici mise en exergue est à comprendre dans le sens où Popper distingue de façon critique et méthodologique entre les véritables problèmes philosophiques et les pseudo-problèmes philosophiques que sont des « puzzles », « énigmes » ou des « simili » dans la prospection qu'il a faite de la plupart des champs du savoir scientifique. Sa classicité tiendrait en ceci que Popper considère justement l'activité de l'esprit comme une quête sans fin, un processus gnoséologique où les problèmes sont moins intéressants par les réponses qu'ils suscitent que par les nouveaux problèmes que ces réponses inspirent. Ainsi, par cet objet du « Monde 3 » qui est le « *problème* », Popper intègre la culture de la science non classique, celle de la « *docte ignorance* » (ce que Charles Zacharie Bowao rend par l'expression « ignorance savante » ou même « incertitude vertueuse »). Popper revendique, en effet, un rationalisme et un empirisme de type critique[66]. Il est clair, à ce niveau, que la pensée scientifique de Popper déborde sa méthodologie rationnelle et critique pour culminer sur la métaphysique d'un monde ouvert et indéterminé.

Préfaçant *L'avenir est ouvert*, Franz Kreuzer résume l'épistémologie de Popper par une formule qui fait la synthèse de son réalisme objectif critique. Il dit, en fait, que

> « Ce monde n'est pas un monde où l'on confirme des vérités, mais où l'on réfute des erreurs. Néanmoins le monde existe, la vérité existe elle aussi ; seulement il ne peut pas y avoir de certitude concernant le monde ni la vérité »[67].

C'est un réalisme qui ne pose ni plus ni moins que le problème de la faillibilité de l'esprit humain. L'épistémologie poppérienne ouvre alors à des présupposés méthodologiques de nature métaphysique, irrationnelle, voire anhistorique, dans sa conception de la connaissance de la vérité. En ce sens, contrairement au rationalisme classique (à l'instar de celui du

---

[66] Cf. Karl Raimund POPPER, *Conjectures et Réfutations*, *op. cit.* p. 15.
[67] Cf. Karl Raimund POPPER, *L'avenir est ouvert*, *op. cit.*, Préface, p. 9.

Cercle de Vienne) qui exclut « *le* métaphysique » de la sphère de la connaissance scientifique, le rationalisme critique de Popper est un rationalisme procédural de l'identification « *du* métaphysique » en tant qu'objet de la recherche scientifique. Popper lie ainsi « épistémologie » et « éthique », lorsqu'il considère comme plus importante la masse d'ignorance qui nous envahit comparée à l'infime savoir que nous prétendons avoir acquis. Il dit alors notre « ignorance savante », du fait qu'elle prend conscience de ses limites. Cela ressort de l'affirmation suivante :

> « Plus nous apprenons sur le monde, et plus ce savoir s'approfondit, plus la connaissance de ce que nous ne savons pas, la connaissance de notre ignorance prend force et gagne en spécificité comme en précision. Là réside en effet la source majeure de notre ignorance : le fait que notre connaissance ne peut être que finie, tandis que notre ignorance est nécessairement infinie.
> Nous pouvons nous faire une idée de l'immensité de notre ignorance quand nous contemplons l'immensité des cieux : si le simple fait des dimensions mêmes de l'univers n'est pas la cause la plus profonde de l'ignorance humaine, il en est néanmoins l'une des causes (…) Quand bien même nous n'apprendrions ainsi qu'à connaître la faible étendue de notre savoir, j'estime qu'il est intéressant de tenter d'acquérir des connaissances sur le monde. Cet état de docte ignorance pourrait aplanir bien des difficultés. Il serait alors salutaire de ne pas oublier que si les diverses parcelles de savoir que nous possédons nous rendent assez dissemblables, dans notre infinie ignorance nous sommes tous égaux »[68].

[68]Karl Raimund POPPER, *Conjectures et Réfutations. La croissance du savoir scientifique*, *op. cit.*, p. 55.

III.2- *Karl Raimund Popper : un philosophe dans le siècle !*

Pour Alain Boyer[69], en effet, que l'on accepte ou non ses thèses principales, Popper est l'un des penseurs les plus importants du siècle dernier, fondateur du « rationalisme critique », courant qui n'est pas à rattacher ni à la « philosophie analytique » entendue *stricto sensu,* ni à la « philosophie continentale » centrée sur la phénoménologie. Le registre de ses maîtres reste et demeure constitué des Présocratiques, de Socrate, des Humanistes, de Galileo Galilei (Galilée), de Emmanuel Kant, de Arthur Schopenhauer, de Bertrand William Arthur Russell, de Pierre Duhem, de Jules-Henri Poincaré (qu'il tient pour « le plus grand de tous les philosophes des sciences »), de Charles Darwin, de Albert Einstein et de Alfred Tarski. Ses critiques à l'endroit de Platon, Fichte, Hegel, Marx et Freud ou Niels Bohr ne sont pas exemptes d'excès, certes, mais elles ont le mérite d'être *claires et discutables*, les deux principales qualités qu'il exigeait à juste titre de toute philosophie. En effet, pour Popper, toute philosophie doit être « claire et discutable », contrairement à Descartes qui la veut « claire et distincte », puisque ses thèses qui doivent passer par le test empirique de la critique ne sont pas acquises *a priori.* C'est le sens que Popper reconnaît à la critique du rationalisme qu'il prône : l'exigence de *clarté* et de *discutabilité* imposée à toute philosophie, c'est-à-dire l'exigence de réfutabilité ou de falsifiabilité.

A en croire Alain Boyer donc, l'on comprendra pourquoi et comment Popper a connu presque tous les bouleversements théoriques et esthétiques du XXe siècle avec toutes ses crises politiques, les turpitudes des deux guerres mondiales à la Révolution bolchévique et à la chute de l'Union Soviétique. L'on comprendra aussi qu'il ait connu et applaudi ou même critiqué les révolutions de la physique, de la biologie, l'austro-

---

[69] La plupart des thèses de Alain Boyer qui vont suivre ressortent de l'ouvrage *Karl Popper : un philosophe dans le siècle* dont il a coordonné et dirigé la rédaction en 2007, (*Philosophia Scientiae*, Volume 11 Cahier 1, Paris, Editions Kimé).

marxisme, la psychanalyse, le Cercle de Vienne, l'Ecole de Frankfort, etc.

J'en conviens globalement avec Alain Boyer qui rapporte que Popper polémiqua (parfois de façon agressive) avec Ludwig Wittgenstein, avec son ami Rudolf Carnap, avec Thomas Samuel Kuhn, avec ses disciples « hérétiques » Imré Lakatos et Paul Karl Feyerabend (qui voulurent « tuer le père »), avec Willard Van Orman Quine et le physicalisme renaissant dans le sillage du carnapisme.

De cet avis de Alain Boyer, Popper est l'un des seuls philosophes du siècle dernier à avoir proposé un « *système* » philosophique, avec une épistémologie, une philosophie morale et politique, une théorie de l'histoire (sans téléologie), une cosmologie (l'univers des propensions), une « ontologie » (les trois mondes), une psychologie (l'apprentissage par essais et erreurs), voire une esthétique (de la musique). C'est un « système ouvert et inachevé », au sens de la société ouverte qu'il défendait et qui a toujours eu ses « ennemis ». Ainsi, le rationalisme critique de Popper doit signifier la « *rationalité* » comme « *ouverture à la critique* » et non comme obstacle à celle-ci. Puisque, cette rationalité n'est pas seulement une posture théorique, mais une recherche (l'équivalent du *Forschung*) et un mode de vie, et donc un style.

Ce que, pour ma part, je trouve très intéressant ici c'est que Popper lui-même le reconnaît et le libelle ainsi qu'il suit :

> « Il n'existe qu'une seule voie d'accès à la science et à la philosophie : rencontrer un problème, être frappé par sa beauté, en tomber amoureux. Alors vous l'épouserez et vivrez avec lui, « jusqu'à ce que la mort vous sépare », à moins qu'entre temps vous n'ayez fait la rencontre d'un autre problème, plus séduisant encore, ou, qui sait, à moins que vous n'ayez trouvé une solution au premier. Mais à supposer que vous lui en trouviez une, il se pourrait que vous découvriez alors, pour votre plus grande joie, toute une famille d'enfants-problèmes, charmants, quoique peut-être un peu difficiles. Et c'est au

bien-être de cette progéniture que vous pourrez œuvrer jusqu'à la fin de vos jours »[70].

Au fond, et j'en conviens avec Alain Boyer, Popper posait déjà ainsi la formule de la croissance de la connaissance scientifique sous la forme qu'on lui reconnaît, avec toutes les conséquences possibles qu'une telle attitude comporte. C'est la formule : $P_1 \rightarrow TT \rightarrow EE \rightarrow P_2$.

- ***Deuxièmement : Emergence et progrès de la science et de la connaissance scientifique***

III.3- *De l'idée de la méthode du « trial and error » chez Popper*

III.3. 1- *Le principe de la réfutabilité argumentative*

Popper considère, dès le départ, la notion de réfutabilité comme norme de distinction entre la science et la pseudo-science, comme norme pour déterminer le niveau de la vérité qui, pour lui, n'est au fond que « *vérisimilitude* » ou « *vérisimilarité* », un critère qui permet de démarquer ce qui est scientifique de ce qui ne l'est pas et qui ne saurait l'être en aucun cas. Telle quelle, la réfutabilité est née en réaction contre la « *vérifiabilité* » que les inductivistes avaient inscrite comme critère de démarcation entre la science et la métaphysique vouée à la déchéance par les tenants du Cercle de Vienne qui cherchaient à tous prix à la battre en brèches. La critique de Popper va faire modifier la conception inductiviste de la vérifiabilité comme critère de démarcation en critère de signification. Ainsi, selon les inductivistes, n'est significatif ou n'a de sens que ce qui est vérifiable, démontrable, analysable, quantifiable, factuel, et la connaissance n'est que dans le certain, le sûr, l'irréfutable, comme si l'esprit humain était absolument infaillible. C'est l'amplification que traduit la

[70] Karl Raimund POPPER, *Le Réalisme et (le but de) la Science*, Paris, Hermann, 1992, p. 28.

formule de l'inférence sémantico-inductive présentée plus haut en des termes suivants :

$$H_1 ; H_2 ; \dots H_n \models H_{n+1}.$$

Or, le principe de la réfutabilité argumentative fonctionne conformément à la nature absolument faillible de l'esprit humain. Cette attitude reste *réfutativement* liée à la conviction que nous avons à la fois de ne pas être (et de ne pas nous considérer nous-mêmes comme étant) omniscients et d'être attentifs à la position de l'interlocuteur dans le conflit d'idées. C'est la rationalité discussionnelle qui s'applique selon une méthode critique d'ouverture à la richesse et au progrès de la connaissance objective. De là la nature intersubjectiviste de nos connaissances fondamentalement argumentatives plutôt que démonstratives. C'est pourquoi, il est une gageure de considérer la théorie scientifique comme certaine ou même probable. Elle est seulement conjecturale, problématique, parce que toujours suggestive et approximative. Ainsi, quand nous avons l'impression d'avoir atteint la vérité absolue, ce ne sera jamais qu'une illusion. Lorsqu'il écrit *Logik der Forschung* (*The Logic of Scientific Discovery* ou *La Logique de la Découverte Scientifique*), Popper pose deux problèmes fondamentaux qui conduisent à la théorie de la connaissance et à la méthode de la science au bout desquels sont circonscrits, thématisés et même résolus le problème de l'induction, base de la démarche logique du néo-positivisme, et le problème de la démarcation. Il dit, en effet :

> « Ce livre devait fournir une théorie de la connaissance, et, en même temps contenir un traité sur la méthode –la méthode de la science. Cette combinaison était possible parce que, d'après moi, la connaissance humaine résultait de nos théories, de nos hypothèses et conjectures ; du produit de nos activités intellectuelles (…) La connaissance est dans ce sens objective ; et elle est hypothétique ou conjecturale. Cette manière de considérer la connaissance me donna la possibilité de reformuler le problème de l'induction de Hume (…) Sous

> cette forme, le problème de l'induction devient soluble : il n'y a pas d'induction, parce que les théories universelles ne sont pas déductibles d'énoncés singuliers »[71].

Cette perspective poppérienne signifie que le principe consiste, de même que la théorie de la connaissance qu'il implique, en une démarche suggestive des hypothèses (même celles audacieuses) qu'il expose à la critique la plus sévère de manière à en déceler l'erreur. Popper présente l'enjeu de cette règle de la recherche par tâtonnements de la manière suivante :

> « Nous commençons notre étude avec des problèmes. Nous nous trouvons toujours situés dans une certaine situation de problème (*problem situation*) ; et nous choisissons un problème que nous espérons être aptes à résoudre. La solution, toujours une suggestion, consiste en une théorie, une hypothèse, une conjecture. Les diverses théories en conflit sont comparées et soumises à l'examen critique pour déceler leurs défauts ; et les résultats, toujours changeants, jamais concluants, de ces examens critiques constituent ce qu'on peut appeler la science du jour »[72].

En ce sens, du problème choisi à résoudre (la situation problématique présente) au nouveau problème découlant de la conjecturalité de la solution suggestive (une nouvelle situation problématique se présentant), tel est le sens de l'enjeu du principe réfutatif de la science. La théorie ne s'affirme donc pas parce que vérifiable ou démontrable, mais parce que falsifiable, c'est-à-dire sujette à la critique, de manière à se refaire éventuellement en permanence. Ainsi, la falsifiabilité, en tant que principe réfutatif du processus gnoséologique et critère de démarcation plutôt que de signification, supplante la vérifiabilité. Les tenants du Cercle de Vienne en sont très

---

[71] Karl Raimund POPPER, *La Quête inachevée*, Calmann-Lévy, 1981, pp. 115-116.
[72] Karl Raimund POPPER, *ibid.*

conscients. Rudolf Carnap reconnaît ce principe de la réfutabilité, de la mise à l'épreuve des énoncés ou de la récurrence déductive qu'il appelle « la procédure B », parce que décisivement différente de la première (« procédure A ») qui n'aurait pas été aussi efficace pour aboutir, comme la meilleure procédure de la théorie de la connaissance. C'est une telle théorie de la connaissance, une telle logique argumentative qui ouvre très largement à la théorie de la découverte scientifique et s'exprime *formulairement* au moyen du schéma de l'inférence sémantico-déductive aussi déjà présentée sous la forme :

$$H_1 ; H_2 ; \ldots H_n \models H_{n-1}.$$

Le *Cercle de Vienne* est une Ecole de philosophie et de science dont la conception du monde ne souffre d'aucune incertitude. L'Ecole développe une conception scientiste du monde, parce que profondément empiriste, fondée épistémologiquement sur *un positivisme logique doublé d'une théorie de la connaissance extrêmement objectiviste.* Sa méthodologie pour connaître le monde et ses phénomènes se réduit à l'induction. Or, qu'est-ce que la procédure inductive, si ce n'est la généralisation de l'observation primitive sans absolument tenir compte de l'essentialité du fait observé ? Pour l'Ecole de Vienne, en effet, l'induction seule permet de distinguer le vrai du faux, de même qu'elle permet au bout de la réflexion épistémologique de distinguer entre la science et la non-science, parce qu'elle prescrit un traitement vérificationniste et expérimentaliste de la nature. Ainsi, seule l'induction pose et permet de poser les vrais problèmes de la science, la déduction ou même la démonstration ne s'appliquant qu'à des pseudo-problèmes.

Karl Raimund Popper admet certes des tests expérimentaux. Mais, il précise que c'est la falsifiabilité, et non la vérifiabilité, qu'il convient de tenir pour critère de démarcation entre ce qui est scientifique et ce qui ne l'est pas[73].

---

[73] Karl Raimund POPPER, *La Logique de la Découverte Scientifique*, 1934 ; 1959 ; Payot, 1973, p. 37.

De ce point de vue, la réfutabilité peut se comprendre comme la prédisposition d'un énoncé (d'une théorie) à être remis(e) en question partiellement ou totalement par l'évolution ontologique d'où il (elle) puise sa consistance.

La science est marquée par la réfutabilité. Toute la démarche pour la vérité ne consistera qu'en l'élimination d'erreurs, l'épuration des fausses croyances, des fausses opinions et des fausses idées. De cette manière se succèdent des vérités suggestives. Cette situation légitime la quasi vérité qui est d'*accepter l'erreur comme un moment gnoséologique nécessaire dont il faut saisir l'intelligence.*

De ce point de vue, la faillibilité est une vertu de l'esprit connaissant. C'est sa caractéristique essentielle quand il s'interdit l'omniscience ou la connaissance parfaitement achevée. La réfutabilité, dans ce cas, est un mode de fonctionnement de l'esprit faillible. C'est par elle que l'esprit humain déroule le processus gnoséologique et construit la science dans son histoire. Elle se révèle à l'esprit humain comme le mécanisme de production des connaissances et de déduction de la vérité. C'est son principe de fonctionnement, de manière qu'il ne saurait fonctionner cognitivement sans elle. Ainsi, l'esprit humain qui se veut faillible se sert de la réfutabilité pour dérouler son argumentation. C'est pourquoi, parler de l'une en excluant l'autre, ou vice-versa, est une véritable gageure épistémologique.

Un peu d'histoire

Plusieurs penseurs ont thématisé la thèse faillibiliste de la conjecturalité du savoir, avec ou sans rapprochement de Popper. Charles Sanders Peirce est de ceux-là. Sa conception du principe faillibiliste est non seulement une thèse sur l'imperfection du sujet connaissant, mais également une conception physicaliste indéterministe de l'univers. Son rapprochement de Popper révèle que le principe peircien d'« économie de la recherche », fonctionnant essentiellement comme une méta-règle de laquelle dépendent toutes les autres règles de la méthodologie, constitue comme une anticipation de l'épistémologie poppérienne de l'indéterminisme gnoséologique.

En effet, pour Charles Sanders Peirce[74], la règle fondamentale consiste à tester en premier les hypothèses fausses, aisément et rapidement éliminables, afin de perdre le moins de temps et d'argent possible dans la recherche, et de s'assurer ces hypothèses résistant, ou ayant résisté à l'épreuve de l'éliminabilité. Ainsi, pour Peirce, même si nous avions atteint la vérité, nous ne pourrions en être absolument certains ; nous espérons seulement voir nos hypothèses se rapprocher indéfiniment de la vérité dont la vocation première est de réguler nos idées afin de les rendre claires. C'est le « *how to make our ideas clear* » de Charles Sanders Peirce, dans la manière cartésienne de rendre épistémologiquement nos idées claires et distinctes, des idées que Popper voudrait claires et discutables.

Mais, ce qui fait la singularité du principe poppérien de la réfutabilité, ce n'est pas tant qu'il se construit historiquement après la révolution einsteinienne et s'étend aux énoncés de base. C'est surtout le fait que Popper accorde une grande valeur à l'être humain dans le processus gnoséologique, l'exigence étant que, dans l'argumentation, quoi qu'on fasse, quoi qu'il arrive, le

---

[74] Nous trouverons un développement profond de la thèse faillibiliste de la conjecturalité du savoir par Charles Sanders Peirce dans ses *Collected Papers*, 1931-1958, Volumes I-IV, Cambridge (Mass), Harvard University Press, et Volumes VII et VIII, A. W. Burks, ed. ; aussi dans ses *Textes anti-cartésiens* (1984), qui sont, en fait, une traduction par Joseph Chenu de trois articles peirciens de 1868 et de deux articles du même auteur en 1877-1878 ; et même dans *Le raisonnement et la logique des choses* (1994), une édition par Hilary Putnam des conférences de C. S. Peirce prononcées à Harvard en 1896, traduction française par Tiercelin C., Thibaud P. et Chauviré Christiane. Gérard Deledalle y revient substantiellement, en 1978, lorsqu'il rassemble, traduit et commente sous le titre d'*Ecrits sur le signe*, des textes de Charles Sanders Peirce qu'il publie aux Editions du Seuil, Paris, dans la Collection « L'ordre philosophique ». Christiane Chauviré a consacré un certain nombre d'études sur Peirce dans lesquelles elle revient aussi substantiellement que Gérard Deledalle sur la question du savoir faillible. Nous pouvons rappeler les articles suivants :
-1975, « Peirce, le langage et l'action : sur la théorie peircienne de l'assertion », in *Les Etudes philosophiques*, Vol 1, pp. 3-17 ;
-1981, « Vérifier ou falsifier : de Peirce à Popper », in *Les Etudes philosophiques*, Vol 1, pp. 257-278 ;
-1990, « Le dessin de la preuve, Peirce, Wittgenstein et les mathématiques », in *Revue La part de l'œil*, n° 6, pp. 3-17.

mieux à faire est le fait « *d'être et de rester humain* ». Voilà pourquoi je dis du *faillibilisme* qu'il est un *humanisme*, dans la mesure où l'on considère l'homme en général, dans sa dimension *éthiquement* universelle. Car, c'est dans son état universel que l'homme revêt la propriété d'être faillible. Popper ne dit-il pas que la science est faillible parce qu'elle est humaine[75] ? Popper tient ainsi la méthode par conjectures et réfutations pour la « méthode unique des sciences ».

En conséquence, Popper estime qu'en science, tout est inventé plutôt que donné ; tout est à découvrir, parce que devant être testé. Ceci témoigne du caractère complexe de la réfutabilité argumentative.

III.3.2- *L'éliminabilité aux confins du problème et de la théorie*

Le chapitre XXIX de *La Quête inachevée*, traitant des « Problèmes et Théories », s'ouvre par une note qui circonscrit la méthode par essai et élimination d'erreurs. La méthode scientifique s'emploie à une régulation de la situation problématique présente de sorte qu'on n'ait pas à trancher définitivement sur un problème, fût-ce même du point de vue synthétique, lequel par essence est un refus de considérer la vérité comme le résultat d'un processus clos. Ce qui fait que le processus se reproduira toujours. En effet, le *problème*, de même que tout l'univers scientifique, n'est que conjecture. Le résoudre maintenant ou sur le tard ne fera qu'en susciter un autre, lui-même profondément conjectural, donc réfutable, parce que falsifiable. C'est le genre de situation que traduit la formule :

$$P_1 \rightarrow EE \rightarrow P_2 \rightarrow PP_1 \rightarrow EE \rightarrow PP_2 \rightarrow \ldots \rightarrow PP_n$$

La formule signifie que, d'une situation et d'un ensemble de situations problématiques de départ on en arrive à un autre ensemble de situations problématiques, lorsqu'on tente de

[75] Karl Raimund POPPER, *La Société ouverte et ses ennemis*, tome 2, 1979, p. 190.

résoudre le problème subséquent par élimination des erreurs constituées. Ceci, pour schématiser la répétition du problème après « P_1 » (la première situation problématique) ou « PP_1 », c'est-à-dire un premier problème de « P_1 », ainsi de suite, jusqu'à « PP_n » (une nouvelle situation problématique de P_n). En ce sens, la solution provisoire « SP » que favorise la mise à l'essai et à l'épreuve de l'hypothèse « EE » s'avère autant conjecturale que le problème concerné. De là à penser que :

Si $P_1 \rightarrow EE \rightarrow SP$
Alors $P_2 \rightarrow SP \rightarrow P_3 \rightarrow \ldots \rightarrow SP \rightarrow P_n$

D'où, lorsque tout problème conditionne une solution provisoire, celle-ci s'inscrit en un cadre théorique éventuel d'autres situations problématiques et théoriques.

Toutefois, on ne parvient à la séquence « $SP \rightarrow P_n$ » que par le fait de la théorisation. C'est donc par l'argumentation critique « AC », de peur de s'embrumer dans de simples sentiments naïfs naturellement crédules. Les arguments critiques empêchent au maximum de frauder sur « SP ». Ce qui donne tout son sens à la formule suivante :

$$P_1 \rightarrow EE \rightarrow AC \rightarrow SP \rightarrow P_2 \rightarrow \ldots \rightarrow AC \rightarrow SP \rightarrow P_n$$

Tout ceci est le gage de la connaissance objective, connaissance empirique, produit du langage humain argumentatif, citoyen du Monde 3, monde de l'épistémologie sans sujet connaissant, cadre du réalisme critique poppérien et lieu de la tentative de solution argumentative corroborée.

En ce sens, la solution provisoire que favorise la mise à l'essai et à l'épreuve de l'hypothèse s'avère autant conjecturale que le problème lui-même. Ainsi, lorsqu'un problème conduit à une éventuelle solution, cette solution se présente comme un cadre théorique de nouvelles situations problématiques et théoriques. La règle de la recherche par tâtonnements (nom littéral de la méthode du *trial and error*[76]) fonctionne de

---

[76] Karl Raimund POPPER, *La Quête inachevée*, Paris, Calmann-Lévy, 1981, p. 290.

manière dynamique, tels les bonds de la dialectique. La règle est une dynamique en soi. Ce qui signifie que « EE » est en alerte, corrélative de toute théorisation. C'est le véritable étalon de la réfutabilité, tout ou presque n'étant que conjecture : du problème à la solution suggestive. Elle est la condition de possibilité de la validité même de la connaissance, selon qu'elle est légitimement construite, ou de son invalidité, selon qu'elle est illégitimement construite. Tout comme le principe de l'antithèse au sein du mouvement réellement dialectique des choses, l'élimination d'erreurs est le point nodal, le maillon principiel du système cognitif, garantissant alors la médiation qu'assure la philosophie entre la science et la métaphysique restaurée du drame logico-positiviste. « EE » est ainsi semblable à une « poulie » qui, dans une certaine mécanique de la physique classique, permet de faire aboutir l'énergie d'un point A à un point Z, mettant ainsi en branle tout le système physique.

« EE » rend donc possible la science. Elle est à la fois le point de départ et le point central du processus de la connaissance, tout en se constituant en cadre possible des théories scientifiques. Telle est sa principale caractéristique en tant que mécanisme de la réfutabilité. « EE » crée la science qui consiste en la recherche de la vérité par l'autocritique et l'auto-réfutation des conjectures.

A ce niveau de réflexion, faudrait-il concevoir une réflexivité de « EE » sur elle-même, ou plutôt une réflexivité de la science sur la science, ou encore une réflexivité de « EE » vers la science et donc de la science vers « EE » ? En d'autres termes, la situation serait-elle :

EE→Science→EE
Ou encore
Science→EE→Science
Ou plutôt

EE↔Science

C'est une situation qui rappelle le puzzle historique de la primauté entre l'œuf et la poule, ou de la prééminence entre l'hypothèse et l'observation. Quitte à déterminer avec précision la place de « EE » aux confins du *problème* et de la *théorie*, tous deux essentiellement conjecturaux. La connaissance se voudra ainsi de plus en plus argumentative. Popper dit qu'elle est d'inspiration darwinienne (parce qu'évolutionniste et sélectionniste) plutôt que lamarckienne (qui serait répétitionniste et instructionniste)[77].

C'est ici un rapport d'immanence et d'intimité entre la théorie darwinienne de la connaissance et la théorie d'élimination d'erreurs. Popper prend l'une pour l'autre, et vice-versa. Ce qui éclaire davantage le fait que « EE » soit le nerf-moteur du système cognitif. Car, pour Popper, « *Le darwinisme n'est pas une théorie scientifique testable, mais* (…) *un cadre possible pour des théories scientifiques testables* »[78].

Le raisonnement par analogie sous-tendu par l'intimité, qui caractérise les deux théories (le darwinisme et « EE »), conduit au fait que, l'éliminabilité en tant que mécanisme de la réfutabilité argumentative, est un cadre possible pour des théories scientifiques (testables). C'est ici une logique situationnelle dans sa double dynamique de loi de la transmission de la vérité et de la retransmission de l'erreur. Popper rend ainsi qu'il suit cette loi de la double transmission :

> « Si une déduction est valable, alors, si les prémisses sont toutes vraies, la conclusion, elle aussi, sera vraie. En d'autres termes, la vérité des prémisses (si en effet elles sont toutes vraies) sera invariablement transmise à la conclusion ; et la fausseté de la conclusion (si elle est fausse) sera invariablement retransmise à au moins l'une des prémisses. J'ai baptisé ces lois respectivement la loi de la transmission de la vérité et la loi de la retransmission de l'erreur »[79].

---

[77] Karl Raimund POPPER, *La Quête inachevée*, Paris, Calmann-Lévy, 1981, p. 236.
[78] Karl Raimund POPPER, *ibid.*, p. 237.
[79] Karl Raimund POPPER, *ibid.*, p. 237.

C'est ce qu'on appelle aussi « la loi de la réversibilité déductive »[80]. Cette réversibilité fonctionne de manière que, du vrai on ne saurait tirer le faux ; puis si l'une des prémisses est fausse, la conclusion le sera nécessairement ; seulement, de deux prémisses fausses, on ne saurait conclure d'aucune façon, à moins que ce soit indépendamment des prémisses.

Pour Popper, en effet, les structures organiques (l'homme ou l'animal) ont la capacité à la fois d'incorporer les théories et de résoudre des problèmes. Ainsi, la faculté d'éliminer les erreurs leur est tout naturellement inhérente. Puisque la solution provisoire procède de « EE ». D'ici à penser à la mort des théories scientifiques qui survient à cause de leur « trop de » scientificité. Car, trop de scientificité tue la scientificité. Popper prône ainsi la compétition naturelle où ne résistent que les théories les mieux adaptées, parce que plus audacieuses et compétitives. De telles hypothèses résistent temporairement non à cause de ce qu'elles sont vraies, mais du fait qu'elles s'intègrent harmonieusement à l'état des connaissances. Une telle vision de l'évolution des connaissances complexifie le jeu de la science qui, pour Edgar Morin « *n'est pas le jeu de la possession et de l'élargissement de la vérité ;* [mais] *le jeu où le combat pour la vérité se confond avec la lutte contre l'erreur* »[81].

Ainsi, le combat pour la vérité (*struggle for truth*) place la lutte contre l'erreur (*struggle against error*) à l'avant et à l'arrière scène. Du fait que toute théorie n'est que solution provisoire, alors il survient l'alternative suivante :

Premièrement

Ou bien :

a/ T → EE → P : la théorie conduit au problème par élimination d'erreur ;

b/ P → EE → T : le problème conduit à la théorie par élimination d'erreur ;

---

[80] Charles Zacharie BOWAO, *L'argumentation logique : dédale et pistes*, Thèse de Doctorat d'Etat, UCADD, Dakar, 1995-1996, p. 348.

[81] Edgar MORIN, *Science avec conscience*, Paris, Seuil, 1990, p. 22.

c/ $T_1 \rightarrow EE_1 \rightarrow P \rightarrow EE_2 \rightarrow T_2$: la théorie, par une première élimination d'erreur, engendre le problème qui, lui-même, fonde la nouvelle élimination d'erreur devant conduire à la nouvelle théorie ;
d/ $P_1 \rightarrow EE_1 \rightarrow T \rightarrow EE_2 \rightarrow P_2$: le problème, par une première élimination d'erreur, engendre la théorie qui, elle-même, fonde le nouveau problème par une nouvelle élimination d'erreur ;
e/ $T_1 \rightarrow EE \rightarrow T_2$: la théorie produit une nouvelle théorie par élimination d'erreur ;
f/ $P_1 \rightarrow EE \rightarrow P_2$: le problème produit un nouveau problème par élimination d'erreur.

Deuxièmement

Ou bien :
a/ $EE \leftrightarrow T_1 \rightarrow T_2$: l'élimination d'erreur interfère avec la théorie pour générer une nouvelle situation théorique ;
b/ $EE \leftrightarrow T \rightarrow P$: l'élimination d'erreur interfère avec la théorie pour créer une situation problématique ;
c/ $EE \leftrightarrow P_1 \rightarrow P_2$: l'élimination d'erreur interfère avec le problème pour générer une nouvelle situation problématique ;
d/ $EE \leftrightarrow P \rightarrow T$: l'élimination d'erreur interfère avec le problème pour créer une situation théorique.

C'est une alternative dont la conséquence peut avoir deux niveaux complémentaires :

D'abord, toute théorie étant liée au langage argumentatif, contrairement au problème pratique (pour l'humain) ou au problème senti (pour l'animal, par exemple, qui est exclusivement pré-linguistique), lorsque « SP » (solution provisoire) apparaît, il apparaît simultanément soit « EE » pour conduire à « P », soit « EE » pour conduire à « T », de manière que « EE » soit à l'interface de « P » et de « T » en tant que « SP » ou plutôt entre « T » et « P » puis « P » et « T » en tant que « SP » au problème. C'est pour dire tout autant que « EE » fonctionne comme un horizon de l'incertain au cœur du penser et du connaître, légitimant ainsi le caractère inventif et créatif de tout problème, de toute théorie ou de toute connaissance aux dépens du donné ou du déjà-existant. Le progrès des certitudes prouve en conséquence l'incertitude galopante. On devrait ainsi dire « *tout est construit* », contrairement à Paul Karl Feyerabend pour qui « *anything goes* », tout allant bien de soi sans restriction méthodologique, la seule méthode possible pouvant être la non-méthode[82]. C'est ainsi que la science est rendue possible, sous ses formes les plus manifestes, au milieu du problème et de la théorie, c'est-à-dire au sein (pas hors) de la conjecture que favorise « EE ».

Ensuite, c'est ici le lieu de circonscrire la théorie « E-R-M », un cadre de combinaison des différents mécanismes fondamentaux de la méthode des essais et erreurs. Son fonctionnement est une combinatoire de présupposition et d'implication logique naturelles entre l'éliminabilité (E), la réfutabilité (R) et la méthode (M). Ce qui se conçoit aisément à l'intérieur de la structure révélée : < E, R, M >. Ainsi élaborée, cette structure prend le cours du sens vectoriel du déroulement du processus gnoséologique conjectural qui, dans le penser poppérien, intègre la dynamique de la théorie de la complexité.

« *E* » : l'éliminabilité. Elle fonctionne comme le mécanisme principal de la réfutabilité. C'est elle qui la rend possible et légitime au travers de l'exclusion supposée ou osée de l'erreur en tant que moment cognitif inopportun. Or, le faux, ou l'erreur aussi grave serait-il (elle), qui n'est pas à exclure définitivement, ne peut être décelé (e) qu'au moyen de la sélection et de l'élimination des hypothèses.

« *R* » : la réfutabilité. Rendue possible par « *E* », la réfutabilité justifie toute la méthode des essais et erreurs. Puisque, toute idée, toute connaissance, toute théorie, toute hypothèse sans « *R* » ne serait qu'une forme de vérité achevée, étant rendue vérifiable, démontrable comme si aucune condition de son infirmation ne s'impose. C'est ici toute l'asymétrie entre vérifiabilité et réfutabilité qui procèdent l'une et l'autre des fondements principiels différents.

---

[82] Paul Karl FEYERABEND, *Contre la méthode. Esquisse d'une théorie anarchiste de la connaissance*, Paris, Editions du Seuil, 1979.

« *M* » : la méthode. La méthode du *trial and error* que présuppose et implique « *R* », elle-même conditionnée par « *E* ». Elle tire ainsi son sens de la faillibilité de l'esprit humain en tant qu'il n'est susceptible de ne produire que des conjectures. Ce que Popper appelle « *vérisimilitude* », cette idée de la vérité, régulatrice de toutes nos connaissances. C'est pourquoi je dis que « *EE* » est l'âme de la méthode qui, au fond, n'est que la garantie d'une quête inachevée dans ce vaste empire du sens.

Je me rends bien compte que, trois ans après la défense de ma Thèse doctorale [2006] où mon élan de reconsidération analytique de la formule poppérienne de la croissance du savoir scientifique est fortement exprimé et mis en œuvre[83], dans un texte *critiquement* argumenté et documenté, Daniel Pimbé [2009] capitalise systématiquement l'idée poppérienne du « progrès de la connaissance empirique » dont « EE » reste et demeure l'élément déclencheur aux confins du *problème* et de la *théorie*. Tel est l'objet du chapitre II de la Partie II de son *Explication interdite. Essai sur la théorie de la connaissance de Karl Popper*, un titre trop modeste qui, sur 308 pages, expose au fond le « *système* » entier de Popper dont le foyer central est constitué par l'*Epistémologie* autour de laquelle gravitent d'une part la *Métaphysique* et d'autre part la *Politique* et l'*Esthétique*. Pour Jean-Claude Dumoncel, Popper lui-même est parti de sa *Logique* pour lui flanquer ensuite d'une *Politique* (en aval) et d'une *Métaphysique* (en amont)[84]. C'est une capitalisation qui me rassure d'ailleurs dans l'exigence que je formule de l'élargissement de la formule poppérienne de la croissance du savoir scientifique. Je dis « EE » aux confins du problème et de la théorie. Un point de vue que Daniel Pimbé nuance efficacement dans le penser poppérien qui place le *problème* au commencement et à la fin du processus de formation de la science et de son progrès : « *Car en réalité, explique Popper, le savoir progresse toujours, quand il progresse, d'un problème à*

[83] Marcel NGUIMBI, *Karl Raimund Popper et le symbolisme logique*, Thèse de doctorat unique de Philosophie, 2006, FLSH/UMNG, Brazzaville, pp.172-191.

[84] Jean-Claude DUMONCEL, « Popper jusqu'à Pimbé y compris », pp. 8 et 9 [En ligne], mis à jour mardi 1er juin 2010.

un nouveau problème par l'intermédiaire de certaines réussites »[85].

J'en conviendrais avec Daniel Pimbé que c'est exactement aux confins de « P » (problème) et de « T » (théorie) que se situe et se déploie « EE » (élimination d'erreurs), catalyseur de tout progrès du savoir empirique. Ceci pour justifier et légitimer la dialectique à concevoir entre « P » et « T », et inversement, sans aucune prétention de reposer ni de tenter de résoudre à nouveaux frais ce que Daniel Pimbé appelle « *le débat entre les deux prétendants au commencement* » [Pimbé, 2009, 159], la science se constituant de l'association bissectrice des données sensorielles et de l'acte de la raison, d'une part pour produire des théories à appliquer au monde afin d'en extirper les informations nécessaires, et d'autre part pour critiquer les théories construites. Daniel Pimbé s'en explique, lui qui commence et conclut (sans clore) son *Explication interdite* par une invite-interpellation à garder les « yeux ouverts », la leçon de l'épistémologie étant que « *nous ne réussissons que pour pouvoir échouer, et à la fin pour échouer effectivement (…), parce que le miracle de notre réussite, inexplicable à partir de l'univers, rencontre le miracle adverse de l'univers, irréductible à notre connaissance. En le rencontrant, il le révèle : la science enchante le monde* »[86]. Il déroule un argument qui me rassure du reste lorsqu'il affirme que :

> « Cela ne suffit sans doute pas pour affirmer péremptoirement, comme le fait Popper, que « la science commence par des problèmes », et seulement par des problèmes. Certes, il est possible de décrire le développement de la connaissance de la façon schématique suivante : on part d'un problème, on tente d'abord de le résoudre en élaborant une théorie, on éprouve ensuite cette théorie en la soumettant à la

[85] Daniel PIMBE, *L'explication interdite*, *op. cit.*, Paris, L'Harmattan, 2009, p. 157.
[86] Daniel PIMBE, *ibid.*, p. 301.

critique, jusqu'à ce qu'elle se révèle erronée et doive être éliminée, ce qui fait surgir un nouveau problème. Popper revient très souvent sur ce schéma du progrès, qu'il appelle « schéma du développement de la connaissance », « schéma général de la résolution des problèmes », ou plus abstraitement « schéma tétradique général » : le schéma $P_1 \rightarrow TE \rightarrow EE \rightarrow P_2$, autrement dit Problème → Théorie à l'essai → Elimination de l'erreur → Problème nouveau. Il est toutefois permis de se demander pourquoi le premier maillon de cette chaîne devrait absolument être e moment du problème, pourquoi il ne serait pas plutôt celui de la théorie : on part d'une théorie, qui se révèle erronée, ce qui suscite un problème, que l'on tente de résoudre en imaginant une nouvelle théorie. Il est aussi conforme à l'épistémologie de Popper de soutenir que la science commence par des théories que de prétendre qu'elle commence par des problèmes : s'il est vrai que toute théorie répond à un problème, explicitement ou implicitement posé, il est également vrai que tout problème se pose à propos d'une théorie, explicitement ou implicitement formulée (...) S'il ya bien un progrès de la connaissance empirique, il est plus instructif de l'étudier comme un progrès de problème à problème que comme un progrès de théorie à théorie »[87].

[87] Daniel PIMBE, *ibid.*, pp. 158-159.

Enjeux de la réfutabilité argumentative

Fondement	*Critique de l'inductivisme démonstratif ; *Volonté de substituer l'argumentabilité critique à la vérifiabilité démonstrative
Fonctionnement	*Mise à l'essai et à l'épreuve par l'élimination d'erreurs ; *Conjecturalité : problèmes-théories-hypothèses
Conséquence	*Incertitude vertueuse comme possibilité de connaître objectivement, rendant ainsi possible la science dans une société ouverte à la dialogique cognitive, faite pour la recherche pluraliste des vérités
Formule	$\ldots P_1 \rightarrow TT \rightarrow EE \rightarrow P_2 \rightarrow \ldots \rightarrow P_{n-1}$ Ou $\ldots P_0 \rightarrow P_1 \rightarrow TT \rightarrow EE \rightarrow P_2 \rightarrow \ldots \rightarrow P_n$ Ou plutôt $P_1 \overset{\hat{C}}{\rightarrow} P_2 \overset{\hat{C}}{\rightarrow} Pi \overset{\hat{C}}{\rightarrow} P_n$

P_1 : premier problème ou première situation problématique
TT : tentative de théorie (ou de solution)
EE : élimination d'erreurs
P_2 : deuxième problème ou deuxième situation problématique
P_n : les situations problématiques prises ensemble
P_{n-1} : explicitation de la situation problématique de départ
P_0 : le problème, tel qu'il se pose généralement
P_i : problème non déterminé ou situation problématique non déterminée
$\hat{C}$: l'opérateur poppérien substitué à la séquence « TT→EE ».

Enjeux de l'éliminabilité

Place : dans le langage descriptif argumentatif	P_1→TT→EE→P_2 T → EE → P P → EE → T EE → T → P EE → P → T
Statut : Substratum conjecturel de la connaissance	*Condition de possibilité de déploiement de la science et de la culture de l'incertain ; *Horizon nécessaire de la science ; *Mécanisme du principe de la réfutabilité ; *Point d'ancrage du processus gnoséologique.
Fonctionnement	P_1→EE→P_2→…→PP_1→EE→…→PP_2→PP_n P_1→EE→SP→P_2→SP→P_3→…→SP→P_n P_1→EE→AC→SP→P_2→…→AC→SP→P_n

PP_1 : le problème de la première situation problématique
PP_2 : le problème de la deuxième situation problématique
PP_n : le problème de l'ensemble des situations problématiques
SP : solution provisoire
P_3 : la troisième situation problématique
AC : argumentation critique

La structure E – R – M

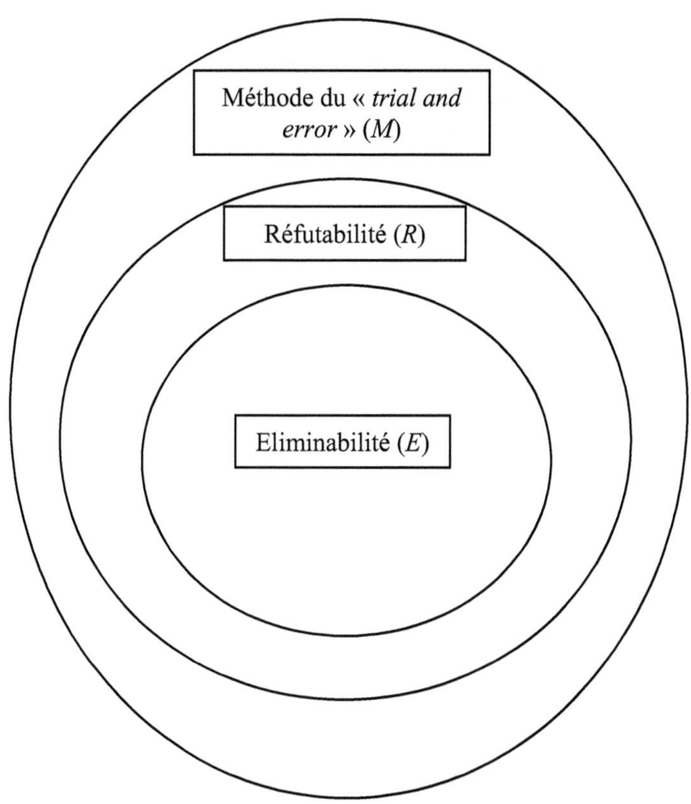

III.4- *De la conception poppérienne de la science*

> « Ce que j'aurais à dire de la science se résume en somme comme suit : la science n'est pas l'assimilation de données sensorielles que nous obtiendrions par l'intermédiaire de nos yeux, de nos oreilles et ainsi de suite, et que nous malaxerions ensemble, d'une manière ou d'une autre, par des associations, pour en faire ensuite des théories. La science se compose de théories qui sont notre œuvre. Nous construisons les théories, nous allons vers le monde avec nos théories, nous examinons activement le monde en regardant ce que nous pouvons en tirer comme information, ce que nous pouvons en extirper. Mais le monde ne nous livre aucune information si nous n'allons pas vers lui en l'interrogeant : nous demandons au monde si telle ou telle théorie est jute ou fausse. Ensuite nous soumettons ces questions à l'examen le plus approfondi possible, sans jamais parvenir à aucune certitude. (…) Il faut renoncer à la certitude. Elle ne nous est jamais donnée. (…) L'essentiel est l'attitude critique. D'abord nous élaborons des théories, ensuite nous critiquons nos théories [pour essayer nous-mêmes de les détruire, de les réfuter] »[88].

Popper dresse ainsi qu'il suit le processus de construction des théories scientifiques et leur critère de scientificité :

Les données sensorielles
+
L'acte de la raison
(production des théories)
+
Application des théories au monde : validation ou non
(pour en extirper les informations nécessaires)
+

[88] Karl Raimund POPPER, *L'avenir est ouvert*, Paris, Flammarion, 1990, pp. 61-62.

Critiquer les théories construites
(pour retrouver les conditions d'auto-invalidation de chacune)
=
La science

Au-delà, ce qui est vrai c'est que la vérité demeure une intention de nos pensées dans leur quête effrénée de sens, un principe holistique pour signifier le « *how to make our ideas clear* » de Charles Sanders Peirce[89]. Et Popper qui le comprend de conclure aisément que, « *nous n'avons pas en notre possession de critère du vrai mais nous sommes néanmoins guidés par l'idée de la vérité comme principe régulateur* »[90].

L'auteur essaie de mettre en exergue la complexité des rapports entre le plan ontologique du critère du vrai et le plan sémantique de l'idée de la vérité dans son « Système ». Les deux plans doivent être soigneusement distingués, et pourtant ils demeurent ainsi corrélés en un sens complexe (en paraphrasant ici Jocelyn Benoist dans un article appliqué à la sémantique et l'ontologie chez Bernard Bolzano[91]). Ceci me donne de penser à la complexité des rapports entre la *philosophie*, qui ne naît pas « hors des sciences » (selon l'expression de Gaston Bachelard)[92], et la *science*, lorsque

---

[89] Nous renvoyons ici aux *Collected Papers*, Hartshorne, Weiss and Burks eds., Harvard University Press, *op. cit.*

[90]Karl Raimund POPPER, *Conjectures et Réfutations. La croissance du savoir scientifique*, Paris, Payot, 1985, p.335.

[91] Jocelyn BENOIST, « Propriété et détermination : Sémantique et ontologie chez Bernard Bolzano », 2003, in *Revue Philosophiques*, Vol. 30 n° 1, pp. 137-148.

[92] Gaston BACHELARD, *Le nouvel esprit scientifique*, Paris, PUF, 2003. Le but de ce « petit livre » s'annonce ainsi clairement lorsqu'il donne de saisir la pensée contemporaine dans sa dialectique et d'en montrer la nouveauté essentielle. Ainsi Bachelard vise-t-il à refonder l'épistémologie dans sa dynamique entre « l'identité des lois et la diversité des choses ». En cela, pour l'auteur, « ce sont les sciences qui créent la philosophie et non l'inverse ». Ce texte est, dans son essence, complété par *La philosophie du non. Essai d'une philosophie du nouvel esprit scientifique* dont nous citons ici le texte de la Collection « Quadrige Grands textes », 2005, dans lequel pour Bachelard, « le non » doit renvoyer à un processus de dépassement et de perfectionnement du savoir antérieur, dans le rajeunissement de l'esprit connaissant, la philosophie de la connaissance scientifique ayant vocation d'englober les contradictions

prises ensemble dans leur association bissectrice, les deux disciplines permettent de circonscrire le champ de l'épistémologie contemporaine qui ne peut être que parce que « *épistémologie de quelques disciplines scientifiques* »[93].

Ainsi comprise, la conception poppérienne de la science consiste en ceci que nous créons des théories scientifiques et les critiquons ; nous inventons nos théories et les testons pour nous en assurer la validité ou l'invalidité. Ce faisant, nous créons de nouveaux seuils cognitifs problématiques au cœur desquels nous découvrons, dans la mesure du possible, de nouvelles théories, et donc, d'autres nouveaux seuils cognitifs problématiques. Popper résume ainsi qu'il précède la définition de la science et de l'histoire des sciences, et donc de la vie, rendues possibles par la « critique » dont le langage de l'homme est seul capable. Je ne rappellerais jamais assez les thèses principales du *Karl Popper, Langage, falsificationnisme et science objective* d'Emmanuel Malolo Dissakè, surtout en son deuxième chapitre[94].

Ceci laisse bien entrevoir le fait qu'il n'y a pas et qu'il ne saurait y avoir en science de « savoir » au sens habituel du terme ; le savoir scientifique n'étant pas un savoir en tant que

---

performatives, c'est-à-dire celles qui, dans leur traitement par l'analyse, conditionnent le progrès de la science.

Cette exigence de combiner par nécessité « philosophie » et « science(s) », nous la découvrons aussi dans l'œuvre de Mario Bunge, physicien et épistémologue des sciences de la nature et des sciences humaines, dont *Le matérialisme scientifique* (Collection « Hors Collection », Paris, 2008) se présente comme une « ontologie » et une « méthode » à la fois pour « découvrir » le monde, un processus gnoséologique au cours duquel, au nom de l'humanité pensante, philosophie et sciences ne peuvent que confluer, étant corrélées en un sens complexe. Fort de cette perception, Mario Bunge est établi comme l'un des rares penseurs du XXe siècle à entreprendre l'examen et la construction d'un système de connaissances scientifiques et philosophiques. Il apparaît même, selon ses biographes que, tout au long de sa vie de chercheur, Mario Bunge a approfondi cette idée d'une unité des savoirs, en intégrant harmonieusement les théories scientifiques et les données épistémologiques dans leurs singularités particulières.

[93] Marcel NGUIMBI, *La catégorie de l'espace chez Descartes. Pour une épistémologie non classique de la physique*, Collection « Logique-Sciences-Philosophie des Sciences », Paris, L'Harmattan, avril 2011, p. 169.

[94] Emmanuel MALOLO DISSAKE, *ibid.*, pp. 13-41.

tel, sinon un « savoir hypothétique », c'est-à-dire un savoir qui tient de la circonstance et dont l'étude fonctionne au cas par cas. La théorie de la connaissance qui procède d'une telle théorie de la science consiste généralement en une activité de la recherche des lois et en l'élaboration des théories, puis en la sélection de celles-ci. C'est l'exact opposé de la théorie de l'induction que Popper traite tel un processus d'apprentissage (passif, du reste) rendu possible à partir de l'information venant des sens et qui, par le fait de la répétition, favorise l'élaboration des lois de fonctionnement en une hypothèse généralisante qui en ajoute ainsi à l'information contenue en amont dans les prémisses. En ce sens, si au point de vue psychologique la « sensation » est le principe de base de l'induction, au point de vue logique les nombreuses prémisses de la théorie conduisent à une conclusion vraisemblable. De sorte que, à ce procédé de l'« extérieur », encore appelé la « théorie du seau et de l'entonnoir »[95], Popper oppose un procédé de l'« intérieur ». Car, notre tête n'est pas un « seau » percé de trous par lesquels s'infiltre l'information que nous tirons des sens, comme le pense le théoricien inductiviste. Notre tête ne ressemble guère à un réceptacle du savoir qu'y verse le monde extérieur par le truchement des sens. Nous apprenons plutôt par une sorte d'activité qui nous est innée, par quantité de structures qui nous sont innées et que nous pouvons développer[96]. Pour Popper, en conséquence, notre véritable apprentissage est une activité dont le procédé est toujours une démarche d'essais et erreurs à corriger en permanence. A cet effet, et, à en croire Popper, la science est la recherche de la vérité par la critique. Ce qui fait un homme de science perspicace, c'est qu'il invente et formule des théories, en maintenant son esprit en alerte de manière à déceler l'erreur inhérente à la théorie, chaque fois que celle-ci se manifeste, et à la réfuter, pour prétendre à une réinvention et à une reformulation. C'est pourquoi l'on devrait comprendre, comme du temps de Emmanuel Kant que, telle que se la

[95] Karl Raimund POPPER, *L'avenir est ouvert*, *op. cit*, p. 63.

[96] Karl Raimund POPPER, *La Connaissance Objective*, *op. cit.*, Paris, Aubier, 1991, pp. 499-547, ou encore dans le célèbre entretien avec Konrad Lorenz rendu par Franz Kreuzer dans *L'avenir es ouvert*, Paris, Flammarion, 1990, pp. 63-64.

représente la science, la structure du monde n'est pas simplement donnée, mais plutôt donnée à construire, quoique Kant ne défende ni la métaphysique ni les intentions, prétentions ou inclinations métaphysiques. C'est ici alors un des aspects de la pomme de discorde avec Kant qui, bien qu'ayant grandement admiré Socrate, n'en a pas assez appris du « *nous ne savons rien* » socratique[97]. Elie Zahar y revient rigoureusement dans son important texte de 2007 sur « Métaphysique et induction »[98], en renvoyant aux thèses de la célèbre introduction kantienne aux *Prolégomènes à toute métaphysique future* à quoi Popper oppose méthodologiquement le critère falsificationniste selon lequel : « *toute proposition à la fois consistante et empiriquement réfutable devrait être tenue pour scientifique ; au cas où elle serait infalsifiable, elle sera dite métaphysique* »[99].

En fait, pour Popper, si nous apprenons par un ensemble de structures innées ou *a priori*, il n'est pas pour autant absolument sûr que ces vérités innées sont évidentes et certaines. Nous ignorons, en vérité, si ces connaissances innées et que nous ne tirons pas de l'expérience sont « vraies ». Ce que Kant a manqué de percevoir et de saisir, de même qu'il a manqué de s'apercevoir que la géométrie euclidienne, a priori au départ, n'était pas insurmontable. Ce qui est pourtant vrai aujourd'hui[100]. L'histoire de la géométrie a produit, de nos jours, nombre de théories géométriques non classiques réfutant cognitivement la géométrie euclidienne de départ.

En conséquence, de cette conception poppérienne de la science résulte la notion de « progrès de la connaissance

---

[97] Karl Raimund POPPER, *L'avenir est ouvert*, *op. cit*, p. 83.

[98] Elie ZAHAR, Cf. *Karl Popper : un philosophe dans le siècle !* in *Philosophia Scientiae*, Vol. 11 Cahier 1, pp. 45-69.

[99] Elie ZAHAR, *op. cit.*, p. 47. Toutefois, je voudrais ici attirer notre attention sur la différence définitionnelle que le disciple commun de Popper et Lakatos établit autour de la notion d' « *a priori* » chez Popper et chez Kant. En effet, Elie Zahar signale qu' « *il est bien entendu que dans ce contexte poppérien, « a priori » n'a pas la connotation kantienne du « nécessairement vrai », mais équivaut tout simplement à : totalement indécidable par l'expérience* » (*ibid.*), c'est-à-dire ce dont la validité ou la satisfiabilité ne saurait relever de l'expérience.

[100] Karl Raimund POPPER, *L'avenir est ouvert*, *op. cit*, pp. 38 et 83.

scientifique », l'idée de la nécessité absolue pour la science de se développer par nature. Une idée qui est corollaire de l'idée de la vérité objective en science. C'est pourquoi, de même que la notion de vérité qui découle de la pratique scientifique est dynamique, de même la science qui en procède et la constitue est évolutive. Ainsi, à son état naturel de se développer sont inhérents son élan rationnel et son caractère objectif.

III.5- *De l''idée de la croissance de la connaissance scientifique*

Le chapitre 10 des *Conjectures et Réfutations* s'ouvre par un procès de la nature même de la science qui, par nécessité, est caractérisée par le « développement ». Car, si elle n'a pas progressé, parce que la connaissance scientifique n'est pas absolument atteinte, son édifice s'écroule. C'est cette nécessité naturelle de « progresser » qui formule comme exigence le choix entre les théories et les critères de sélection des théories les plus satisfaisantes. L'idée de progrès de la science vient ainsi décisivement de l'idée que « *nos erreurs peuvent être instructives* »[101]. Leur caractère instructif qui, légitimement procède de l'état faillible de notre esprit, est significatif du refus du scepticisme et de ses variantes, la science étant susceptible de progrès tout comme la connaissance scientifique est susceptible de développement. Popper croit en l'homme. De quelle manière ? Serait-ce à la manière de Descartes pour qui « l'homme » est doté de la vocation de conquérir les secrets de la Nature pour en devenir maître et possesseur ? Certainement pas. Car pour Popper, l'homme est faillible. Pierre Nzinzi le reconnaît avec aisance dans son article « L'erreur : pédagogue de l'humanité »[102]. Pierre Nzinzi écrit, en effet que, pour Popper:

---

[101] Karl Raimund POPPER, *Conjectures et Réfutations*, *op. cit.*, p. 9.

[102]Pierre NZINZI, « L'erreur : pédagogue de l'humanité », in *Revue Paideia, Philosophy of Science*, [En ligne], http://www.bu.edu/wcp/Papers/Scie/ScieNzin.htm

« La connaissance, et la connaissance scientifique tout particulièrement, progresse grâce à des anticipations non justifiées (et impossibles à justifier), elle devine, elle essaie des solutions, elle forme des conjectures. Celles-ci sont soumises au contrôle de la critique, c'est-à-dire à des tentatives de réfutation qui comportent des tests d'une capacité critique élevée. Elles peuvent survivre à des tests mais ne sauraient être justifiées de manière positive : il n'est pas possible d'établir avec certitude qu'elles sont vraies, ni même qu'elles sont « probables » (au sens que confère à ce terme le calcul des probabilités). La critique de nos conjectures est déterminante : en faisant apparaître nos erreurs, elle nous fait comprendre les difficultés inhérentes au problème que nous tentons de résoudre. C'est ainsi que nous acquérons une meilleure connaissance de ce problème et qu'il nous devient possible de proposer des solutions plus concertées : la réfutation d'une théorie –c'est-à-dire de toute tentative sérieuse afin de résoudre le problème posé– constitue toujours à elle seule un progrès qui nous fait nous approcher de la vérité. Et c'est en ce sens que nos erreurs peuvent être instructives »[103].

L'idée de l'*heuristicité* de l'erreur qu'il est possible de concevoir dans la *conjecturalité* de la notion de vérité rend ainsi possible l'idée de progrès de la science chez Popper, non en tant que fondement et cause de l'ignorance, mais en tant que cadre logique fondamental du caractère quasi manifeste de la vérité, dans la nécessité de rendre compte de l'erreur. La notion de vérité est ainsi conçue comme une « *intentionnalité* » chez Popper, un idéal à poursuivre et non un objectif à atteindre, c'est-à-dire ce vers quoi on tendra toujours. En ce sens, l'erreur, c'est ce qui est ; et la vérité, c'est ce qui n'est pas et qu'il faut rechercher dans une relation de double implication ou de bi-conditionnalité entre l'erreur et la faillibilité humaine. L'erreur est « humaine », tout comme la vérité, au sens de la caractérisation de l'état faillible de l'esprit humain dont la

[103] Karl Raimund POPPER, *ibid.*, pp. 9-10.

conséquence nécessaire et suffisante est, pour Popper, la « vérité objective » telle qu'il la fait remonter aux temps de Xénophane, de Démocrite, de Socrate même où déjà : « *Cette idée de l'erreur et de la faillibilité humaine en implique précisément (…) l'idée de la vérité objective, cette norme que nous n'atteignons pas nécessairement* »[104].

L'erreur ne se construit pas « *ex-nihilo* ». Elle est inhérente à une forme donnée de la connaissance à l'intérieur de laquelle on peut la déceler. L'efficacité d'un savoir tenant aussi de la transformation du savoir précédent[105], il n'est aucun doute que c'est de cette modification que procède le développement de la connaissance scientifique. En ce sens, le progrès de la science suit le même élan algorithmique que le processus gnoséologique lui-même, c'est-à-dire à partir du *problème* pour le *problème* au travers d'une tentative de solution osée. C'est pourquoi :

> « Toute solution d'un problème donne naissance à de nouveaux problèmes qui exigent à leur tour solution ; l'importance du phénomène est fonction de la difficulté du problème initial comme de la hardiesse de la solution proposée. Plus nous apprenons sur le monde, et plus ce savoir s'approfondit, plus la connaissance de ce que nous ne savons pas, la connaissance de notre ignorance prend forme et gagne en spécificité comme en précision. Là réside en effet la source majeure de notre ignorance : le fait que notre connaissance ne peut être que finie, tandis que notre ignorance est nécessairement infinie »[106].

---

[104] Karl Raimund POPPER, *ibid.*, p. 36.

[105] Cf. Gaston BACHELARD, *La Philosophie du non*, Paris, PUF, 1940, ou même *La Formation de l'esprit scientifique*, Paris, Vrin, 1967, où, en raison de la « vieillesse » de nos facultés de connaître, Bachelard fait émerger et progresser la science par rectification sans cesse des vérités antérieurement acquises et constituées ainsi en « obstacles épistémologiques », en psychanalysant le profil épistémologique de ses propres objets. Bachelard fixe ainsi le conditionnement logique de la connaissance de la vérité dans un rapport de nécessité entre la notion de « vieillissement » de nos connaissances et le « rajeunissement » de l'esprit humain.

[106] Karl Raimund POPPER, *Conjectures et Réfutations*, *op. cit.*, pp.54-55.

J'aime fort bien l'approche comparative que formule Elie Zahar, disciple commun de Popper et Lakatos, sur les théories du progrès de la connaissance empirique de ses Maîtres[107]. En effet, Elie Zahar considère que pour Lakatos, le *progrès de la connaissance* s'explique en fonction de ce qu'il appelle « la méthodologie des programmes de recherche scientifiques » au sein de laquelle tout programme se caractérise par un « noyau » et une « heuristique » qui donnent conjointement naissance à une suite d'hypothèses du genre H_0, H_1, H_2, …, et donc H_n. Si donc le « noyau » est « une conjonction *N* de principes partagés par tous les éléments du programme ; c'est-à-dire que $H_i \Rightarrow N$ pour tout *i* »[108], « l'heuristique », quant à elle, exprime la genèse des théories[109], lorsqu'elle sert de guide à la recherche en indiquant la manière dont une nouvelle théorie devrait être construite et dont le programme, pris intégralement, devrait parer à certaines réfutations empiriques ; une approche kuhnienne dont Lakatos s'est, du reste, inspiré[110]. En conséquence de ce point de vue lakatossien, Elie Zahar conclut que :

> « L'évolution d'un programme est donc simultanément régie par son heuristique et par son noyau ; celui-ci est protégé par la décision méthodologique de ne jamais le tenir pour falsifié, même en cas de réfutation empirique. Par conséquent, toute hypothèse du programme devra obéir à deux contraintes : elle doit impliquer logiquement le noyau tout en se pliant aux exigences de l'heuristique. Au sein d'un même programme, une théorie consistante représentera un progrès si elle satisfait intuitivement à trois conditions : par rapport à ses prédécesseurs, elle doit entraîner des énoncés observationnels nouveaux ; certaines de ses prévisions doivent en outre avoir été confirmées ; enfin, la théorie est censée avoir une structure conforme à l'heuristique positive ; plus

[107] Elie ZAHAR, *Essai d'épistémologie réaliste*, Paris, Vrin, 2000, pp. 99 ss.
[108] Elie ZAHAR, *ibid.*
[109] Elie ZAHAR, *ibid.*, p. 89.
[110] Elie ZAHAR, *ibid.*, p. 99.

précisément : une telle hypothèse ne devrait pas recourir à des qualités jugées occultes par la métaphysique sous-jacente. Par exemple : une théorie cartésienne ne doit postuler aucune action à distance »[111].

Ce qui est évident. Seulement, dans un tel débat de conceptions du progrès de la connaissance empirique, je reste convaincu avec Popper que des « postulats métaphysiques » ou des « présupposés irrationnels » gouvernent à l'arrière-plan du « problème » qui fait être cette connaissance dont il s'agit et, au bout du compte, l'histoire même des sciences. Ce qui permettrait alors de bien distinguer entre les différentes formes de progrès : le *progrès théorique*, le *progrès empirique*, et le *progrès heuristique*, une catégorisation du progrès de la connaissance empirique[112] au sein d'un même programme qui satisfait d'ailleurs. Voici comment Elie Zahar décrit la condition de possibilité de chacun de ces types de progrès[113], pour « τ_1 » et « τ_2 », deux hypothèses appartenant à deux programmes « P_1 » et « P_2 », dont les heuristiques sont respectivement désignées par « ε_1 » et « ε_2 » :

(i) Nous dirons que (P_2, τ_2) représente un *progrès théorique* par rapport à (P_1, τ_1), si, pour tout énoncé observationnel *e déjà vérifié* : $\tau_1 \vdash e$ entraîne $\Gamma(\varepsilon_2, \tau_2, e)$. Nous requérons en outre l'existence d'au moins un énoncé observationnel *b* tel que $\Gamma(\varepsilon_2, \tau_2, b)$, mais non $[\Gamma(\varepsilon_1, \tau_1, b)]$.

(ii) (P_2, τ_2) sera considéré comme marquant un *progrès empirique* par rapport à (P_1, τ_1) dès que nous aurons, *en outre, vérifié* au moins une proposition *b* satisfaisant à (i).

(iii) Pour qu'il puisse être question d'un *progrès heuristique* de (P_2, τ_2) par rapport à (P_1, τ_1), il faut que τ_2 satisfasse à ε_2 alors que τ_1 va à l'encontre de ε_1.

---

[111] Elie ZAHAR, *op. cit.*, p. 100.
[112] Elie ZAHAR, *op. cit.*, pp. 110, 108.
[113] Elie ZAHAR, *op. cit.*, p. 110.

Si tant est que le *progrès théorique* ou le *progrès empirique* ou même le *progrès heuristique* de la deuxième situation problématique « P_2 » pour une hypothèse « τ_2 » par rapport à la première situation problématique « P_1 » pour une hypothèse « τ_1 » s'obtient selon le degré de correspondance de l'énoncé observationnel avec les faits sur lesquels il porte, je me permettrais de dire que le progrès de la connaissance dont parle Popper n'est pas moins un progrès à la fois théorique, empirique et heuristique. Puisque, au bout du compte, il sert de guide (*heuristique*) à la recherche en indiquant la manière (*théorique*) dont une nouvelle théorie devrait être construite sur la base (*empirique*) de la réalité étudiée.

III.6- *Du critère de la croissance du savoir scientifique*

Popper dit ce critère de la croissance de la science quand il parle de la théorie scientifique comme essentiellement une expression de la science passée au crible du test empirique ou de la réfutation. Ces conditions de progrès de la science, inhérentes au caractère faillible de la pensée humaine, n'existent qu'à l'intérieur de la science même. Le sujet connaissant ne fera qu'en prendre conscience. Il est exactement un critère potentiel aux côtés des autres critères de sélection de théories scientifiques. Pour Popper, en effet,

> « À l'intérieur de la science (…), il existe un critère du progrès : avant même qu'une théorie ait subi le moindre test empirique, nous sommes en mesure de dire si elle a des chances de représenter, pour peu qu'elle passe avec succès certains tests bien précis, une amélioration par rapport aux autres théories dont nous disposons »[114].

En ce sens, la prise de conscience consistera à ne retenir pour « scientifique » qu'une théorie au contenu empirique informatif intéressant, parce que pertinent. Ce que Popper appelle la préférence aux « *théories intéressantes, audacieuses*

[114] Karl Raimund POPPER, *Conjectures et Réfutations*, *op. cit.*, p. 321.

et dont le degré d'information est élevé »[115], et qui ne le sont que dans la considération du problème qui les génère, les constitue et sur quoi elles culminent. Le « choix » est ici un principe directeur et holistique qui reste cependant ouvert à la critique, parce que Popper est prêt à y renoncer toutefois que les conditions de son autodestruction ou de sa biodégradabilité sont avérées.

Cette préférence pour la théorie qui contient la plus grande masse d'informations empiriques ou qui comporte le contenu informatif le plus important qui la rend la plus forte logiquement, la théorie qui a le plus grand pouvoir d'explication et de prédiction et, qui peut davantage résister à l'épreuve du temps, est significative tant de l'« improbabilité » de la vérité d'une donnée empirique que du caractère pourtant onto-logique de celle-ci. La condition du développement de la connaissance scientifique porte, en fait, sur l'extension du contenu informatif des théories existantes qui en engendrent nécessairement les conditions de possibilité des théories ultérieures, davantage informatives, comme le fit observer Bruce Brooke-Wavell qui incita Popper « *à ne plus parler, dans ce contexte, de probabilité et à fonder ses arguments sur un « calcul des contenus » et des « contenus relatifs » ou, en d'autres termes, à ne plus affirmer que la science visait à l'improbabilité, mais simplement à une maximalisation du contenu* »[116].

Ce n'est pas tant la probabilité ou l'improbabilité que recherche la science moderne. C'est plutôt lorsqu'elle se meut que se produise nécessairement l'« inattendu », par le fait du principe de la « *serendipity* ». Et, cet inattendu n'est rien autre chose que le caractère improbable non recherché de la vérité.

C'est, à tout bien prendre, une telle force logique qui réduit « *toutes les propriétés que nous attendons d'une théorie (...) en définitive à un seul et même élément : un degré élevé de contenu empirique ou d'assujettissement aux tests* »[117].

---

[115] Karl Raimund POPPER, *ibid.*, p. 322.
[116] Karl Raimund POPPER, *ibid.*, p. 324.
[117] Karl Raimund POPPER, *ibid.*, p. 322.

C'est pourquoi, le fondement ultime du progrès de la science s'avère nécessairement être lui-même un processus : la recherche du contenu informatif le plus élevé qui rend la théorie plus disposée à la réfutation, et donc au test, de par sa lucidité des conditions de son auto-invalidation. Ainsi seulement la théorie est reconnue scientifique comme les théories de Newton, de Maxwell et d'Einstein en donnent la preuve quasi irréductible dans le triple renversement paradigmatique appliqué aux théories de Kepler et de Galilée d'une part, puis à celles de Fresnel et de Faraday d'autre part, avant que les subalternantes (c'est-à-dire, les théories prises en amont) ne soient elles-mêmes affectées[118]. Voilà une illustration onto-logique du critère du progrès de la science qui, dans son vieil idéal épistémique de construction de systèmes déductifs axiomatisés, ne jouissait pas suffisamment de force logique d'être plus sévèrement traitée, parce que formulant des prédictions dogmatiques. Une situation que rectifie son nouvel idéal en l'amenant à formuler des prédictions plus aisées à réfuter et, la mesure logique de la complexité de leur contenu informatif aidant, à produire des conjectures intéressantes et pertinentes. C'est, du reste, ce genre de conjectures que Popper trouve plus aisées à réfuter. Que retenir donc ?

D'abord

> « Lorsque je parle du développement de la connaissance, je ne me réfère pas à une accumulation d'observations mais à l'élimination réitérée de théories scientifiques, remplacées par des théories meilleures ou plus satisfaisantes »[119].

Il vient que cette forte idée du progrès de la connaissance scientifique trouve ses racines et se conclut dans les conditions d'auto-invalidation de la théorie scientifique. L'histoire des sciences, qui se refuse à l'accumulation des certitudes, se fait et s'analyse plus efficacement dans la production et la reproduction de la notion de vérité à partir d'une argumentation déductiviste.

---

[118] Karl Raimund POPPER, *ibid*, p. 326.
[119] Karl Raimund POPPER, *ibid.*, p.320.

Pendant donc que la démarche inductiviste néglige la relation de nécessité entre les entités du phénomène de la connaissance, la démarche déductiviste, qui lie sémantique et syntaxique dans la considération logique des faits, fait remonter une telle relation de nécessité à la science même qui se conçoit et culmine par et dans la situation épistémologique du *problème* à résoudre.

Je ne m'empêcherais pas ici de « suivre » Alain Boyer qui justifie le caractère fondamental du « *rôle de la logique* » par le fait exclusif de « *tirer des conséquences* » plutôt que de trouver les prémisses[120]. Puisque, à l'en croire, seule la « *logique déductive classique* » peut être un « *bon organon de la critique* », justement parce qu'elle permet d' « *inférer* » efficacement et validement –avec même la prétention d'être infaillible– : l'information contenue dans son inférence s'entend comme une « explicitation » de celle déjà contenue dans les prémisses. Ce qui se traduit par la formule de l'inférence sémantico-déductive déjà signalée que voici :

$$H_1 ; H_2 ; \ldots H_n \models H_{n-1}.$$

La formule signifie que de l'hypothèse 1 (H1) et de l'hypothèse 2 (H_2), bref de toutes les hypothèses réunies (H_n), je ne peux déduire aucune information allant au-delà d'elles ($\models H_{n-1}$). Or, selon Alain Boyer –et cela est évident– une « logique inductive » serait « ampliative », du fait que ses inférences vont toujours au-delà de ce qui est implicitement contenu dans la conjonction des prémisses ; elles en ajoutent toujours à l'information de départ, l'amplifiant sans certainement l'édulcorer, tel ferait une « copie conforme à l'original », ayant donc valeur d'original en le complétant comme un « duplicata ». Or, le duplicata n'est pas évidemment l'original. Alors, la formule des conclusions d'une inférence non déductive serait, à l'inverse de celle des conclusions d'une inférence déductive :

$$H_1 ; H_2 ; \ldots H_n \models H_{n+1}.$$

---

[120] Alain BOYER, « La rationalité ouverte », in *Karl Popper : un philosophe dans le siècle*, Revue *Philosophia Scientiae*, Vol. 11 Cahier 1, p. 8.

Ce qui signifie que, de l'hypothèse 1 et de l'hypothèse 2, bref de la somme d'hypothèses mises en œuvre, je ne déduirai que des informations amplifiant l'information de départ ($\models H_{n+1}$).

Ensuite

> « (…) D'abord préoccupé de méthodologie, Popper est remonté progressivement jusqu'à la métaphysique qui éclaire cette méthodologie. A une science sans certitude en perpétuel mouvement ne peut correspondre qu'un monde ouvert en évolution imprévisible »[121].

Ici, il est clair que Popper est de même métaphysiquement indéterministe tout en considérant que sur le plan méthodologique on doit chercher des lois déterministes ou causales, sauf lorsque les problèmes à résoudre sont de caractère probabiliste. Il n'affirme pas un principe de causalité, mais propose une convention méthodologique telle que:

> « Nous ne pouvons pas nous arrêter de chercher des lois universelles, et un système théorique cohérent, ni jamais renoncer à nos essais en vue d'expliquer par un lien causal toute espèce d'événement que nous pouvons décrire »[122].

Cette double apostrophe de Renée Bouveresse est significative de la substance ultime des implications méta-théoriques susceptibles d'y être relevées. En fait, le type de connaissance prônée par Popper est de nature fondamentalement objective, parce que fonctionnant onto-logiquement en liaison avec la réalité. Légitimement, Popper se réfère à la théorie de la « vérité-correspondance » d'Alfred Tarski qui rappelle ainsi, à sa proportion, tout le caractère non-analytique, parce que onto-logique, de la question de la vérité

---

[121] Renée BOUVERESSE, *Karl Popper ou le rationalisme critique*, Paris, Vrin, 1998, p.121.
[122] Renée BOUVERESSE, *ibid.*, p. 123.

chez Aristote. C'est dans cette dimension qu'il sied de comprendre l'élan réaliste de Popper en tant que mouvement de la pensée réagissant contre une conception idéaliste de la nature. Le réalisme de Popper consiste à reconnaître fondamentalement que la science est un fait à l'intérieur du monde dont elle parle. En somme, non désincarnée, la science est un module de l'être réel de la chose qu'elle étudie.

De cette double conséquence résulte le fait que les explications de la science ne sont jamais que des hypothèses, des conjectures, des corroborations, et qu'il n'est pas évident de prédire, dans un élan de causalité nécessaire, un événement à partir d'un autre événement antérieur. C'est pourquoi l'épistémologie poppérienne est une épistémologie sans sujet connaissant, c'est-à-dire sans impact nécessaire du sujet individuel, une épistémologie non-subjectiviste, l'homme n'étant qu'inter-subjectivité et communication, caractérisé par la vertu de la critique inter-subjective ou de la discussion rationnelle. Ce qui se saisit aisément dans la théorie des trois Mondes et dans leur corrélation intrinsèque : le monde des objets matériels, le monde de la conscience subjective et de ses vécus, puis le monde des contenus de pensée et des significations objectives.

Je dirais donc, avec Renée Bouveresse que, l'indépendance de la connaissance par rapport aux vécus psychologiques du sujet ne se comprend pleinement que si l'on admet, non seulement que la vérité d'une théorie ne dépend pas des croyances individuelles, mais plus radicalement, que la réalité d'une théorie est distincte de la réalité de la pensée qui la crée et qui la comprend. C'est à ce niveau ontologique que se fonde pragmatiquement l'épistémologie sans sujet connaissant de Popper qui n'est ni plus ni moins qu'un objectivisme méthodologique, courant même le risque d'être saisie comme un optimisme du symbolique, de par l'étroiture méthodologique de sa démarche. Dans un tel fonctionnement, l'épistémologie de Popper consacre une cosmologie de l' « indéterminisme physique ».

Enfin

La théorie scientifico-physique de l'univers qui en découle n'est donc qu'une réelle forme de plaidoyer de

« l'univers irrésolu », un univers essentiellement « ouvert ». Le monde de Popper n'est pas clos : il est critiquement non-clos, la science qui l'étudie étant fondamentalement incomplète, caractérisée par le triple principe de l'« imperfection », l'« inconsistance » et l'« indécision », au sens gödelien de « l'incomplétude ». Ce qui ne signifie pas pour autant la déficience de la connaissance à laquelle on aboutit et qui devrait, de ce fait, s'avérer contradictoire, hésitante, fondement nécessaire d'un scepticisme troublant. Au contraire. La cosmologie poppérienne repose sur l'affirmation que « tout est propension ». Cela est clair, le « *nexus causal naturel* » pouvant n'être pas clos. Alain Boyer rapporte un intéressant débat entre Popper et Kant sur la question de la clôture causale du monde sensible[123]. Si pour Kant, en effet, il faut affirmer la clôture causale du monde sensible et penser la possibilité d'une intervention causale dans ce monde clos de la liberté intelligible, pour Popper en revanche, l'ouverture causale du monde physique rend la nature « lucide » et « consciente » d'elle-même et de son état d'incomplétude. Alain Boyer écrit, en fait que :

> « Si l'univers contient une représentation de lui-même, il est ouvert, et cette description est essentiellement incomplète. Si la rationalité existe, son existence même limite ses capacités d'intelligence du monde. La connaissance prédictive est limitée par sa propre existence. Mais cette limitation est telle que nous ne pouvons pas savoir ce que nous ne pouvons pas savoir. Tout savoir est savoir de son ignorance, et l'on ne saurait limiter a priori le savoir à un domaine déterminé, tout en le sachant nécessairement faillible et incomplet (critique de la Critique)[124].

Cette assertion d'Alain Boyer rappelle dans son essence la seconde thèse que Popper formule dans la préface à l'édition anglaise (1959) de *La Logique de la Découverte Scientifique*,

---

[123] Alain BOYER, *op. cit.*, p. 15.
[124] Alain BOYER, *ibid.*

thèse qui circonscrit le « problème central de l'épistémologie ». Popper estime, en fait, que ce problème reste et demeure le problème de la croissance de la connaissance, et que la meilleure approche de la croissance de la connaissance consiste en l'étude de la croissance de la « connaissance scientifique » qu'il serait, du reste, malséant de remplacer par l'étude des usages linguistiques ou des systèmes de langage[125]. Popper précise dans ce contexte que :

> « On devrait se rappeler que presque tous les problèmes de l'épistémologie rationnelle sont liés au problème de la croissance de la connaissance (...) De Platon à Descartes, Leibniz, Kant, Duhem et Poincaré, de Bacon, Hobbes et Locke à Hume, Mill et Russell, la théorie de la connaissance a été animée par le désir de nous rendre aptes non seulement à en connaître davantage au sujet de la connaissance, mais encore à contribuer au progrès de celle-ci, c'est-à-dire au progrès de la connaissance scientifique »[126].

- ***Troisièmement : La théorie des trois Mondes***

III.7- *De la place de la théorie des trois Mondes dans le programme poppérien*

III.7.1- *Le programme de la philosophie poppérienne*

> « Le programme de la philosophie poppérienne est dès lors clair. Montrer « à quelles conditions le progrès scientifique est possible », ce n'est pas seulement formuler les règles méthodologiques qui gouvernent, qu'ils en soient conscients ou non, la pratique des savants, c'est aussi énoncer tout ce que présuppose et implique l'existence du processus objectif de connaissance : l'ensemble des conditions logiques,

[125] Karl Raimund POPPER, *La Logique de la Découverte Scientifique*, Paris, Payot, 1973, pp. 12-13.
[126] Karl Raimund POPPER, *ibid.*, p. 16.

biologiques, ontologiques, métaphysiques, politiques et sociales également, qui sont requises pour qu'un tel processus puisse avoir lieu »[127].

L'itinéraire de la pensée poppérienne, qui culmine sur une « philosophie de l'émergence » de nouvelles significations, va donc d'une méthodologie de la rationalité critique et ouverte à la conception de la science, dans une société ouverte à un monde indéterminé et que Popper refuse de clore par de considérations philosophiques particularisantes. Voilà pourquoi dans les années quarante Popper construisit la théorie de la « *société ouverte* », seul lieu possible d'émergence de nouvelles significations qui viennent de la tentative de solution de nombreux problèmes sociaux, et de déploiement de la démarche scientifique[128]; et que dans les années cinquante, Popper montra que, parce qu'il est un processus d'innovation, le « *progrès scientifique* » ne peut avoir lieu que dans un univers où l'avenir est ouvert, un univers non déterministe, un univers qu'il qualifie d'irrésolu parce qu'il plaide pour l'indéterminisme[129]; et, enfin que, avec *La Connaissance Objective*, les réquisits philosophiques de Popper trouvent certainement leur expression la plus accomplie. Il est ainsi clair que dans la société ouverte ou société de communication, science rime avec intersubjectivité.

Circonscrivant l'essence de la « rationalité ouverte » chez Popper, Alain Boyer déduit ce qui suit :

> « Le maître mot de la philosophie poppérienne est l'ouverture. Cette conception de la rationalité, fondée sur le thème de la faillibilité, échappe à la mise en question de la clôture de la raison moderne dominatrice. La rationalité n'est pas tant un ensemble de techniques qu'une attitude morale d'ouverture à l'autre, reposant sur

---

[127] Jean-Jacques ROSAT, Préface à *La Connaissance Objective* de Karl Raimund Popper, Paris, Aubier-Flammarion, 1991, p. 15.

[128] Karl Raimund POPPER, *La Société ouverte et ses ennemis*, tomes 1 et 2, 1979 ; *Misère de l'historicisme*, 1988.

[129] Karl Raimund POPPER, *L'Univers irrésolu. Plaidoyer pour l'indéterminisme*, 1984.

l'idée qu'à la violence peut être substitué un jeu polémique, la discussion critique, codifiée par des règles. « Vous pouvez avoir raison et je peux avoir tort, mais nous pouvons en confrontant nos points de vue nous efforcer ensemble de nous rapprocher de la vérité » et « Ne considère jamais l'autre seulement comme un réceptacle passif de tes idées, mais toujours comme un critique potentiel de celles-ci ! », telles sont les formules qui caractérisent le rationalisme critique »[130].

III.7.2- *Place de la théorie des trois Mondes*

Il se trouve que la « théorie des trois Mondes » est certainement la thèse la plus récente de Popper ; elle ouvre surtout les perspectives les plus inédites, lorsque paraît *La Connaissance objective*, en 1972, livre indispensable pour comprendre assez utilement les débats de l'épistémologie contemporaine, et dans lequel Popper révèle la somme des implications métaphysiques de son rationalisme critique. Cette récente thèse de l'épistémologie poppérienne trouve donc sa place au début et à la fin de la problématique de la connaissance objective[131] et est voisine et carrefour de toutes les autres thèses de l'épistémologie sans sujet connaissant dont le réalisme objectif et l'ouverture du monde sont les tenants et les aboutissants de la démarche poppérienne qui conduit de la méthodologie de la rationalité critique à la métaphysique du changement dans un univers indéterminé. La théorie des trois Mondes tient ainsi une place privilégiée au sein de l'objectivisme poppérien d'une épistémologie qui ne saurait être ni aller sans éthique. Popper l'a formulée et développée pour la première fois lors de deux conférences[132]: la conférence sur « Une épistémologie sans sujet connaissant », en Amsterdam, le

[130] Alain BOYER, « La rationalité ouverte. From swords to words », in *Karl Popper : un philosophe dans le siècle !*, *Philosophia Scientiae*, 2007, Vol. 11 Cahier 1, pp. 3-19.
[131] Renée BOUVERESSE, *Karl Popper ou le rationalisme critique*, Paris, Vrin, 1998, pp. 95-119.
[132] Karl Raimund POPPER, *La Connaissance Objective*, Paris, Aubier-Flammarion, 1991, Chapitres 3 et 4.

25 août 1967, (il dira plus tard que « *La connaissance au sens objectif est une connaissance sans connaisseur : c'est une connaissance sans sujet connaissant* »[133]; et la conférence « Sur la théorie de l'esprit objectif », à Vienne, le 3 septembre 1968. Cette théorie des trois Mondes se présente globalement ainsi qu'il suit :

(i). Monde 1: monde des objets physiques, des forces physiques ou des états physiques ;

(ii). Monde 2 : monde des états de conscience, des états mentaux, des sujets ou encore des dispositions comportementales à l'action ;

(iii). Monde 3 : monde des idées, c'est-à-dire avant tout, des théories et des problèmes théoriques ; ensuite du langage, des œuvres d'art, des institutions sociales et politiques ; enfin, c'est le monde de tout ce qui chez l'homme relève de la fonction symbolique : monde des théories objectives, des problèmes objectifs et des arguments objectifs. C'est le monde des contenus objectifs de pensée, qui est surtout le monde scientifique, de la pensée poétique et des œuvres d'art. En l'homme comme individu, il ya interférence des trois Mondes.

La Conférence d'Amsterdam, que Popper a prononcée le 25 août 1967, et qui eut lieu au Troisième Congrès International de Logique, Méthodologie et Philosophie des Sciences (tenue du 25 août au 3 septembre 1967), a porté sur « Une épistémologie sans sujet connaissant ». Popper y a principalement traité du « *troisième monde* ».

Pour Popper, il peut bien y avoir plus de trois Mondes, son expression « le troisième monde » n'est qu'une affaire de commodité. Il le reprécise comme suit :

> « Certes ce que j'appelle « le troisième monde » a ainsi beaucoup à voir avec la théorie platonicienne des Formes ou Idées et, par conséquent, aussi avec la théorie hégélienne de l'Esprit Objectif ; mais ma théorie diffère radicalement, sur certains points décisifs, de celles de Platon et de Hegel. Elle a plus à voir encore avec la

[133] Karl Raimund POPPER, *ibid.*, p. 185.

théorie d'un univers des propositions en soi et des vérités en soi de Bolzano, bien qu'elle en diffère également. Ce qui ressemble de plus près à mon troisième monde, c'est l'univers des contenus de pensée objectifs de Frege »[134].

En soutenant cette idée d'un troisième monde objectif, Popper défie ceux qu'il appelle les « philosophes de la croyance », c'est-à-dire ceux qui comme Descartes, Locke, Berkeley, Hume, Kant ou Russell s'intéressent à nos croyances subjectives et à leur fondement ou à leur origine. A l'encontre de ces philosophes de la croyance, Popper fait valoir que notre problème est de trouver des théories meilleures et plus audacieuses, et laisse entendre que ce qui compte, c'est la *préférence critique* et non pas *la croyance.* Ce point de vue de Popper est « réaliste », un point de vue qui avoue qu'il existe des mondes physiques et un monde des états de conscience, et que les deux interagissent ; et qui croit qu'il existe un troisième monde, le monde de l'émergence de nouvelles significations et de la représentation non seulement de la réalité, mais aussi des concepts ou des théories (expression empruntée à Frédéric Fabre[135]).

Dans son « témoignage » tenant lieu de présentation du livre de Daniel Pimbé intitulé *L'explication interdite. Essai sur la théorie de la connaissance de Karl Popper*[136], Jean-Claude Dumoncel[137] estime, comme le fait Alain Boyer, que le mot « l'Ouvert » est le maître-mot du « Système » entier de Popper, couvrant à la fois sa Métaphysique, sa Logique et son Ethique. Pour Jean-Claude Dumoncel, en fait, le livre de Daniel Pimbé, au titre trop modeste, expose au fond le « Système » entier de Popper, un « Système » dans lequel l'Epistémologie a seulement une position centrale au milieu de la Métaphysique d'une part, et de la Politique et de l'Esthétique d'autre part.

---

[134] Karl Raimund POPPER, *La Connaissance Objective, op. cit.*, p. 182.

[135] Cf. Frédéric FABRE, « Refaire le monde 3 : Complément à la théorie des trois mondes », 2005, [En ligne].

[136] Daniel PIMBE, *L'explication interdite, op. cit.*

[137] Jean-Claude DUMONCEL, « Popper jusqu'à Pimbé y compris », 2010, [En ligne].

C'est à tout le moins la position centrale qu'occupe la théorie des trois Mondes dans le programme philosophique de Popper.

III.8- *De la portée ontologique de la théorie des trois Mondes*

Pour Popper, en fait, l'ontologie de la théorie des trois Mondes recouvre non seulement le problème « corps-esprit », qui pourrait être le plus grand problème, le plus ancien et le plus délicat de toute la métaphysique[138], mais aussi et surtout la question de l'interconnexion des trois Mondes, et donc de « la relation entre les trois Mondes et de leur ouverture l'un par rapport à l'autre »[139]. Il en est ainsi du simple fait que la problématique des trois Mondes ne saurait s'inscrire dans le contexte, puisqu'elle relève essentiellement de la métaphysique. En ce sens donc, le problème de la théorie des trois Mondes et les différentes questions qui en relèvent procèdent du domaine de la métaphysique. Ainsi, chacun diffère « métaphysiquement » des autres. Le monde physique diffère du monde subjectif qui, lui-même, diffère du monde de la culture qui, du reste, diffère du monde des objets physiques et sensoriels. Toutefois, dans leurs différences particulières, ces trois Mondes s'imbriquent les uns dans les autres dans leur mode d'être et de fonctionner. Car, à entendre Popper, la culture s'est développée à partir du langage humain pour que naissent des symphonies, des livres, des tableaux, des bouteilles, autant de produits de l'activité humaine dont regorgent le corps et l'esprit pris ensemble. Il le reprécise ainsi qu'il suit :

> « Toutefois ces produits relèvent en partie du monde un. Ce verre, devant moi, appartient au monde un. Mais, dans la mesure où il est un produit de l'esprit humain –il n'y a peut-être pas beaucoup d'esprit en lui, mais quand même un petit peu –, il ne relève pas uniquement du monde un mais aussi du monde trois. Un livre, c'est autre chose. Le livre, dans la mesure où il pèse, où c'est un corps

---

[138] Karl Raimund POPPER, *L'avenir est ouvert*, Paris, Flammarion, 1990, p. 91.

[139] Karl Raimund POPPER, *ibid.*

physique, fait partie du monde un et, dans la mesure où il a un contenu, un contenu de langage, il fait partie du monde trois »[140].

Ainsi, il est clair que le lien entre le Monde 1 et le Monde 3 est assuré par la médiation du Monde 2, monde de l'esprit humain dans un corps physique d'où viennent des productions et des représentations symboliques. Popper illustre cette imbrication entre les trois Mondes par un argument au travers duquel il dit sa redevance du « monde trois bolzanien » qu'il découvre lorsque Bolzano parle de « propositions en soi » non seulement en tant que ces propositions sont rédigées sur du papier (objet du monde un), mais aussi et surtout en tant que ces propositions sont le « contenu » des propositions (objet du monde trois) que nous saisissons par une expérience psychologique (objet du monde deux)[141]. C'est justement sur la base de cet ouvrage de Bernard Bolzano (la *Wissenschaftslehre*) que Jocelyn Benoist, circonscrivant la sphère « du métaphysique » dans la pensée de Bolzano, la distingue de celle « du sémantique », règne des représentations et des propositions en soi[142] dont le contenu fait l'objet du Monde 3 poppérien[143].

Un peu d'histoire

La théorie stoïcienne de la « connaissance objective » pourrait bien être, à très forte raison, une origine théorique profonde du « Monde 3 » poppérien, et donc une source irrécusable de la théorie poppérienne des trois Mondes. Les stoïciens ont, en effet, établi la distinction épistémologique entre une connaissance subjective (conception introduite par Aristote lorsque, critiquant la théorie des Idées de Platon, et surtout la « diérèse » du maître, le disciple construit une

[140] Karl Raimund POPPER, *L'avenir est ouvert*, Paris, Flammarion, 1990, pp. 93-94.
[141] Bernard BOLZANO, *Wissenschaftslehre*, Sulzbach, 1837, Vol.1.
[142] Jocelyn BENOIST, 2003, pp. 137-148.
[143] Karl Raimund POPPER, *ibid.*, p. 94.

relation onto-logique entre le sujet et l'objet dans la correspondance logique de ce dont on parle à la manière dont on le dit) et une connaissance objective qu'ils concevaient d'un point de vue très réaliste, du fait de la lier au langage humain. Ce dont s'appropriera Popper dans sa conception de la connaissance réaliste et objective. Ce lien du caractère objectif de la connaissance avec le langage humain leur a permis d'insister sur le rôle des propositions ou des énoncés, par opposition aux concepts ; ce que Popper redécouvrira chez Bernard Bolzano et dont il s'appropriera également. Ainsi, le « *lekton* » stoïcien (rendu par l'expression « *contenu de la proposition* » par Gomperz), ou le contenu du discours, ce que Popper concevra au cœur même de la culture, au cœur même du Monde 3, a favorisé l'émergence d'une logique des propositions originale, de par la manière dont les stoïciens l'avaient appréhendée. Bernard Bolzano dira du « *lekton* » stoïcien que ce sont des « *propositions en soi* », là où Frege l'appellera les « *pensées* » ou le « *contenu des propositions* »[144]. Mais, ceci ne suffit pas pour dire de la conception poppérienne du Monde 3 qu'elle soit plus proche de celle de Bolzano. Au contraire, elle est plus proche de celle de Frege qu'elle ne l'est de celle de Bolzano. Au-delà, ce qui singularise de façon plus frappante la conception poppérienne par rapport à celles de ses prédécesseurs, c'est qu'elle parle explicitement du caractère évolutionnel du monde, en liaison avec le darwinisme[145]. Pour Popper, en effet,

> « Je crois voir dans l'évolution darwiniste de l'homme un stade décisif, celui de l'invention du langage qui a déjà été décrit en un certain sens par les stoïciens, non pas en tant qu'invention darwiniste, mais tout simplement comme nouveauté radicale dans le monde (…) Je pense que dans l'évolution humaine, les outils jouent un rôle particulièrement important, or le seul outil qui nous soit

---

[144] Ludwig Friedrich Gottlob FREGE, *Ecrits logiques et philosophiques*, traduction et introduction de Claude Imbert, Collection « Points Essais », Paris, Seuil, 1994, 233 p.
[145] Karl Raimund POPPER, *L'avenir est ouvert*, *op. cit.*, pp. 97-98.

inné n'est sans doute pas le bâton comme on l'a cru un certain temps parce que tous les hommes portaient des bâtons mais, précisément, le langage. Il a une importance extraordinaire pour notre personnalité, pour le monde deux, pour notre vie intérieure. Mais il est en même temps un élément objectif, comme un instrument, un outil. C'est un élément objectif et il fonde en tant que tel ce que j'appelle le monde trois, à savoir le monde des produits objectifs de l'esprit humain »[146].

C'est justement cette source stoïcienne du « *lekton* », dans sa conséquence logique du rapport entre les expériences humaines et le corps, qui permit à Popper de formuler le problème « corps-esprit », un problème aussi vieux que l'homme lui-même et la philosophie dans l'Univers. Cette formulation poppérienne du problème « corps-esprit » culmine sur une sorte de triangle à trois sommets dont le troisième est le « langage » en rapport d'interaction avec les deux autres que sont « l'esprit » humain et le « cerveau » (et donc le corps). Ainsi, la théorie de la connaissance poppérienne conduit à distinguer entre la « conscience » spécifiquement humaine et la « conscience » spécifiquement animale, par le moyen de cette interaction à trois termes entre le « moi-sujet », le « moi-objet » et le « langage ». La conception poppérienne des trois Mondes se démarque en définitive de celles de ses prédécesseurs par cette considération du caractère évolutionnel du monde et de l'homme par la mise en œuvre du langage humain qui permet la critique. Popper laisse entendre que « *en apprenant à parler, nous apprenons aussi à modifier notre intériorité, nous apprenons surtout que nous sommes un moi, puisque nous parlons avec d'autres moi* »[147].

Par conséquent, des stoïciens (à l'époque helléniste) à Popper, et donc de la conception du « *lekton* » stoïcien à la conception du « Monde 3 » poppérien, en passant par le monde des « propositions en soi » de Bolzano et le « *Dritte Reich* » de Frege, la théorie des « trois Mondes » s'est enrichie de l'aspect

---

[146] Karl Raimund POPPER, *L'avenir est ouvert*, *op. cit.*, p. 98.
[147] Karl Raimund POPPER, *ibid.*, p. 99.

darwiniste de l'évolution du monde et surtout de l'aspect spécifique, essentiel et révolutionnaire du langage humain qui dépasse résolument ses fonctions primaires d'expression et de communication pour culminer sur la fonction de représentation symbolique, à la fois prospectiviste et perspectiviste des phénomènes de la réalité. Puisqu'il ne se limite pas à des « cris » d'alarme ou d'appel servant dans l'instant de la parole, il peut surtout élaborer des théories qu'il peut critiquer après les avoir construites[148]. L'on peut alors dire avec Popper que le langage porte la civilisation humaine au moyen de la représentation symbolique et critique de la réalité. Ainsi, la rationalité logique est corollaire de la rationalité symbolique dans le corpus de la théorie poppérienne des trois Mondes. C'est pourquoi, pour Popper, « *seule notre relation au monde trois nous permet véritablement d'exister en tant que personnalités* », notre humanité résidant dans l'interaction entre nous et le Monde 3[149].

Cette petite histoire, qui culmine sur l'interaction des trois Mondes poppériens, annonce, ainsi qu'on peut le constater, ce que j'ai voulu de la portée logique de la théorie poppérienne des trois Mondes. Cette portée logique peut donc se saisir à partir de la corrélation entre les trois Mondes, de la spécificité du Monde 3 et de la représentation symbolique que permettent les citoyens du Monde 3 dans un univers où, fort paradoxalement, Frédéric Fabre trouve qu'il faut nécessairement « refaire le Monde 3 »[150].

III.9- *De la portée logique de la théorie des trois Mondes*

L'on vient de voir que la dimension ontologique de la théorie des trois Mondes vient de la conception poppérienne de la connaissance objective, une connaissance qui ne saurait

---

[148] Karl Raimund POPPER, *L'avenir est ouvert*, *op. cit.*, p. 118.
[149] Karl Raimund POPPER, *ibid.*, p. 123.
[150] Frédéric FABRE, « Refaire le monde 3 : Complément à la théorie des trois mondes », 2005, [En ligne].

relever ni de la croyance, ni même de la pensée comme acte mental. Il est clairement établi que la conviction d'une idée, par exemple, relève du Monde 1 ; que l'imbrication en complémentarité ou en exclusion mutuelle de deux idées renvoie au Monde 3 ; et que l'homme, sujet pensant, en tant qu'objet du Monde 2, s'implique dans les relations logiques entre une idée prise en soi et des idées prises ensemble au sujet d'un objet quelconque ou d'un ensemble d'objets considérés. Seulement, seul l'éclairage que jette la logique sur les relations entre théories et problèmes nés de ces différentes idées peut rendre intelligibles les questions de la science, d'histoire des sciences ou de philosophie des sciences dans la recherche de la connaissance objective qui semblaient, de prime abord, relever du Monde 2. Cet argument principal est soutenu par des analyses de détail dans la logique du fonctionnement de la théorie des trois Mondes où une attention particulière est apportée aux valeurs de l'interconnexion entre le Monde 1 et le Monde 2 d'une part, puis entre le Monde 3 et le Monde 2 d'autre part ; à la fonction spécifique du Monde 3 et au statut des entités fonctionnelles du Monde 2.

Popper conçoit trois arguments principaux et trois autres auxiliaires pour illustrer l'interaction entre les trois Mondes et l'autonomie du Monde 3. Le premier argument, relatif à la non-pertinence d'une épistémologie subjectiviste, prône l'étude objective de la connaissance scientifique. Le deuxième argument, relatif à la pertinence d'une épistémologie objectiviste, justifie une telle étude objective de la connaissance scientifique et permet d'établir l'autonomie du Monde 3, produit de notre esprit avec un puissant effet de rétroaction sur nous en tant que nous sommes citoyens du deuxième et même du troisième Monde. Le troisième argument, relatif au fait qu'une épistémologie objectiviste porte sur l'étude du Monde 3, garantit ainsi le rôle d'intermédiaire ou de médiateur que joue le Monde 2 dans l'interaction entre les trois Mondes. Puisque, pour Popper, la relation logique entre les trois Mondes est telle que les deux premiers peuvent interagir, ainsi que les deux derniers, et que le deuxième Monde, monde des expériences subjectives ou personnelles, interagit avec chacun des deux autres. Ce qui donne, logiquement, que le premier Monde et le troisième Monde ne peuvent interagir qu'au travers de l'intervention du deuxième Monde, médiateur entre le premier Monde et le troisième. L'interaction entre nous et le troisième Monde fait donc que la connaissance objective se développe et établit une étroite analogie entre le développement de la connaissance et le développement biologique. Ce que Popper illustre par le développement des animaux et celui des plantes.

Il vient donc que la portée logique de la théorie poppérienne des trois Mondes est de mettre en exergue la synthèse épistémologique entre l'ensemble des sciences inhérentes au Monde 1 et celles inhérentes au Monde 3 par le truchement de celles qui relèvent du Monde 2.

Au fond, une telle théorie des trois Mondes fixe la synthèse épistémologique entre le paradigme de la science classique et celui de la science non classique. Cela est dû, *principiellement*, aux entités du Monde 2. Mais, *théoriquement*, cela l'est surtout en ce qui concerne les objets du Monde 3, monde de la culture que Popper conçoit essentiellement comme objectif et autonome aux côtés du monde physique (Monde 1) et du monde subjectif (Monde 2) qui, du reste, fonctionne comme régulateur des deux extrêmes. De cette sphère relèvent les produits de l'activité humaine, c'est-à-dire ces réalisations que l'homme accomplit pour l'homme et pour l'univers, et qui n'ont de sens que celui que l'homme leur donne, conformément à sa connaissance contextuée du réel physique. C'est ainsi que l'homme constitue bien la dimension intermédiaire entre différents phénomènes de la nature dans leur explication. Voilà pourquoi il ne peut être d'épistémologie réelle, de réflexion philosophique sur la science vécue à quoi ne corresponde une « éthique », tout étant fait par et pour l'homme dans l'univers. Ce que Jacques Monod, paraphrasant Popper dans la préface à *La Logique de la Découverte Scientifique* (1973), comprend par l'expression : « *à la base de l'épistémologie, discipline normative, il faut bien que se trouve un choix de valeurs, une éthique* ». C'est bien, en fait, cette exigence de choix de valeurs, cette dimension axiologique de départ qu'il sied d'observer pour prétendre construire une synthèse de type épistémologique, parce qu'à la fois logique et épistémologique, entre l'ensemble des sciences inhérentes au Monde 1 et celles inhérentes au Monde 3 par le truchement de celles qui relèvent du Monde 2. Cette caractérisation ouvre à l'aspect gnoséologique de cette théorie poppérienne.

III.10- *De la portée gnoséologique de la théorie des trois Mondes*

Il est déjà fait remarquer que l'essence du Monde 3 consiste aussi à nous offrir la stratégie qui consiste à transposer *la méthode adaptée au traitement des erreurs* dans le traitement des conflits sociaux. C'est justement dans le traitement des erreurs que réside ce que j'aimerais appeler la « portée gnoséologique » de la théorie des trois Mondes. C'est effectivement en théorie de la connaissance que Popper s'oppose véritablement au symbolisme logique d'inspiration aristotélicienne qui, dans sa longue tradition, se constitue comme un seuil incontestable des certitudes tant chez Aristote lui-même que chez ses « fidèles » interprètes et héritiers –selon les cas. Je pense ici à Leibniz, Boole et même Frege.

Au fond, et à l'analyse, Popper reste lui-même redevable à cette longue tradition de la formalisation interprétative des phénomènes de la nature par l'application qu'il fait des règles de procédure logiques et des calculs logico-arithmétiques ; il ne quitte pas encore méthodologiquement cette longue tradition de la formalisation logique que l'on voie se constituer depuis l'analytique aristotélicienne. Seulement, l'avantage de Popper est qu'il considère le principe de la « clause de fermeture » dans les opérations logiques du calcul des relations. Ici, Popper formule sa traduction de la langue naturelle à la langue logique du calcul des relations en tenant compte de l'exigence d'un « lexique », de la notion d'« univers du discours » et de celle d'« univers d'interprétation ». Puisqu'il sait qu'un énoncé sur les faits ou un fait n'a de sens que pris *onto-logiquement* dans son contexte précis. L'analyse de l'argument de « Rachel, la grand-mère paternelle » en dit long. En effet, dans *Conjectures et Réfutations*, cet argument est libellé comme suit : « *Rachel est la mère de Richard. Richard est le père de Robert. La mère du père est la grand-mère paternelle. Donc, Rachel est la grand-mère paternelle de Robert* »[151].

L'on se trouve bien ici dans l'univers des « hommes », dans un tissu complexe de relations généalogiques. Puisqu'il s'agit de comprendre la filiation entre Robert, fils de Richard et Rachel, mère de Richard. Autour de Richard, il sied de construire cette relation complexe entre la grand-mère et le petit-fils. C'est un *prédicat à 3 places* dont la deuxième constitue la médiane entre les deux extrêmes. Un tissu de complexités qui rappellerait celui existant entre le Monde 1 et le Monde 3 poppériens en interaction autour du Monde 2. Ainsi, dans cet univers des hommes, toute interprétation n'a de sens que parce qu'elle se rapporte à cet univers et à lui seul. Je ne saurais jamais circonscrire mon interprétation d'un tel argument en me fondant par exemple sur un univers des animaux ou des choses. Même pas approximativement. C'est pourquoi, lorsque Popper pose la formule traductive de la page 311, il part du principe que Rachel est une personne humaine, et Richard est une personne humaine, et Robert est une personne humaine, et donc tous les trois font exactement partie de l'univers des « hommes ». Suivons ainsi l'algorithme poppérien avant que j'en donne mon interprétation.

Lexique :

A et C : Rachel et Richard
b : la mère de Richard
d : le père de Robert
e : les mères des pères
f : les grands-mères paternelles
g : la grand-mère paternelle de Robert.

Traduction :

A est b
C est d
Tous les e sont f
____
A est g

[151] Karl Raimund POPPER, *Conjectures et Réfutations*, *op. cit.*, p. 301.

Pour ma part, ce n'est ni plus ni moins que la formule syllogistique du raisonnement poppérien qui peut ainsi être entendu :

« Pour tout R, S et T, et pour tout x, y et z, si xRy, ySz et R*S = T, alors xTz »[152]. En ce sens, x, y et z représentent des variables d'individus en relations respectives R, S et T. Ce que traduisent les formules « xRy » (la relation R entre x et y), « ySz » (la relation S entre y et z) et « xTz » (la relation T entre x et z) ; « R*S » (la méta-relation entre R et S pour les individus x, y et z) ; le symbole d'égalité ici est un méta-signe qui exprime l'égalité d'extension entre les différentes relations. C'est en ce sens donc que, prises ensemble, ces expressions conduisent à la formule suivante :

x R y
y S z
R*S = T
―――――
x T z

De nouveau, pour ma part, c'est une analyse d'argument qui, par l'entremise de l'algorithme poppérien, impose en fin de compte le lexique et la formule traductive suivants :

Lexique :

∀ : quantificateur universel
→ : relation de nécessité
Λ : relation de contingence
R (x) : x est Rachel
R'(y) : y est Richard
R''(z) : z est Robert
M(x, y) : x est mère de y
P(y, z) : y est père de z
G(x, z) : x est grand-mère de z.

Traduction :

1- ∀x∀y [R(x) Λ R'(y)] → M(x, y)
2- ∀y∀z [R'(y) Λ R''(z)] → P(y, z)
3- ∀x∀y∀z [R(x) Λ R'(y) Λ R''(z)] → G(x, z)
―――――――――――――――――――――
4- ∀x∀z [R(x) Λ R''(z)] → G(x, z)

152 Karl Raimund POPPER, *ibid.*, p. 302.

Nous avons donc le fait que :

1. Pour tout x et pour tout y que je rencontre, si x est Rachel et y est Richard, alors Rachel est la mère de Richard.
2. Pour tout y et pour tout z que je rencontre, si y est Richard et z est Robert, alors Richard est le père de Robert.
3. Pour tout x, pour tout y et pour tout z que je rencontre, si x est Rachel et y est Richard et z est Robert, alors Rachel est la grand-mère de Robert.
4. En conclusion, pour tout x et pour tout z que je rencontre, si x est Rachel et z est Robert, alors Rachel est la grand-mère (paternelle) de Robert.

De ce point de vue, il est clair que la troisième étape de l'algorithme de démonstration est essentiellement intuitive ; elle n'aurait pas besoin d'être un objet de démonstration, du simple fait qu'il va de soi que la mère du père est la grand-mère paternelle.

En conséquence, c'est un raisonnement en bArbArA qui requiert trois termes : un terme majeur, un terme mineur et un terme conclusif. Tous les trois termes sont des propositions de type A, parce que propositions universelles affirmatives. D'un point de vue strictement logique, pour être valide un tel raisonnement exige que si le terme majeur est *onto-logiquement* vrai, les termes mineur et conclusif doivent aussi l'être nécessairement. Autrement, c'est soit un raisonnement faux en bArbArA, soit un raisonnement en faux bArbArA, et donc un raisonnement absolument invalide. Lorsqu'il est prouvé être un raisonnement en (vrai) bArbArA, alors il s'écrira :

$$\{[\forall x \forall y\ [R(x) \wedge R'(y)] \rightarrow M(x, y)] \wedge [\forall y \forall z\ [R'(y) \wedge R''(z)] \rightarrow P(y, z)]\} \rightarrow \{\forall x \forall z\ [R(x) \wedge R''(z)] \rightarrow G(x, z)\}.$$

De ce point de vue strictement logique, l'on se convainc de ce que le raisonnement fonde théoriquement le lexique qui lui est inhérent ; celui-ci à son tour fonde pratiquement la traduction à laquelle l'on va aboutir. Ce qui donne la combinaison terminale du genre :

1. Si d'une part il est vrai que pour tous les individus x et y que je rencontre, l'individu x a la propriété d'être Rachel et l'individu y la propriété d'être Richard, de ce point de vue x est la mère de y ;

2. Si d'autre part il est vrai que pour tous individus y et z que je rencontre, l'individu y a la propriété d'être Richard et l'individu z la propriété d'être Robert, de ce point de vue y est le père de z ;

3. Alors, et de ce point de vue, pour tous individus x et z que je rencontre, si l'individu x a la propriété d'être Rachel et l'individu z la propriété d'être Robert, il est par conséquent vrai que x est la grand-mère de z.

De ce même point de vue strictement logique, l'on peut se convaincre de la portée gnoséologique de la théorie poppérienne des trois Mondes, ne serait-ce que du fait que le calcul des prédicats (dans son aspect relationnel) ne soit pas étranger au penser poppérien qui est théoriquement lié à la formalisation dans le calcul des relations. Popper met certainement en œuvre le principe de la « clause de fermeture » qui exige qu'un travail logique efficace, rigoureusement performatif, s'inscrive dans un univers bien précis en vue d'éviter de « tout faire » au risque de ne « rien faire » à la fin. La « clause de fermeture » joue ainsi un rôle *gnoséologiquement* heuristique en considération des implications *méta-théoriques* de l'application osée des règles de procédure logiques et des calculs logico-arithmétiques.

La logique dit de la clause de fermeture dans le calcul des propositions analysées ou même inanalysées qu'elle revêt le statut d'un mécanisme de régulation des opérations logiques, jouant ainsi un rôle éthique lorsqu'elle permet au sujet pensant de savoir produire et mieux prendre conscience des enjeux de l'applicabilité de ses productions. Ce rôle de nature éthique fait éviter de tomber dans des considérations paradoxales de la techno-science où les réalisations initialement vouées à la survie de l'homme menacent au contraire le sens de l'humanité, et donc celui de l'univers.

En histoire des sciences, l'absence de la clause de fermeture constitue une profonde imperfection pour tout système formel qui ne peut pas reconnaître les expressions bien formées qui ne lui sont pas inhérentes, et donc qui ne saurait rejeter les anti-théorèmes qui pourraient l'envahir malicieusement. Un système logique ou scientifique qui manque de clause de fermeture ne pourrait que générer indéfiniment des thèses ou théorèmes, c'est-à-dire des vérités démontrées.

La portée gnoséologique de la théorie des trois Mondes ainsi circonscrite rend finalement raison du qualificatif de « Système » que Alain Boyer et Daniel Pimbé appliquent respectivement au penser poppérien en tant que cadre théorico-philosophique où se combinent par nécessité la Logique, la Métaphysique, la Politique, l'Ethique ou même l'Esthétique. Daniel Pimbé dit, en effet, de cette combinaison par nécessité qui, au fond, constitue la théorie de la connaissance de Karl Raimund Popper au sein de laquelle règne « une curieuse interdiction d'expliquer »[153] que, *la seule exigence qui soit cruciale* tant en épistémologie qu'en cosmologie est bien de ne pas expliquer ni prouver trop : ne pas prouver que nous possédons une *connaissance certaine*, ni même probable ; ne pas prouver non plus que nous avons le moyen de justifier par l'expérience la vérité des propositions universelles ; ne pas prouver, sur un plan plus général, que nous disposons de méthodes conduisant au succès, et donc ne pas prouver assez que l'univers à connaître n'est pas à réduire à la connaissance que pourtant il contient. Sur ce dernier interdit de trop prouver, Alain Boyer dit que :

> « L'identification cartésienne (ou supposée telle) de la vérité et de la certitude est une erreur, la vérité est indépendante de la subjectivité, elle est « surhumaine » et la réalité ne se réduit pas à la connaissance (...) La nature n'est pas un pur chaos informel que seuls la conscience ou le langage viendraient ordonner. Le réel, c'est ce qui résiste à nos tentatives de le comprendre et de le dominer (...) Mais ces tentatives, du fait même qu'elles peuvent être mises en défaut par la réalité indépendante, peuvent

[153] Daniel PIMBE, *ibid.*, pp. 19, 297-301.

nous permettre de progresser. La chose telle qu'elle est en soi n'est pas connaissable absolument et avec certitude, mais elle peut être approchée de mieux en mieux, de la même manière qu'une description partielle peut être plus exacte qu'une autre. (...) Loin de se réduire à la description des régularités phénoménales, la science « explique le connu par l'inconnu », en postulant librement et conjecturalement des entités non observables, causalement responsables de ces régularités. On ne parlera pas toutefois d'essences *stricto sensu*, car il est possible que la réalité comporte une infinité de couches de plus en plus profondes, sans fond ultime. Mais la connaissance ne se contente pas de voguer à la surface des phénomènes sensibles, elle aime comme la poésie « plonger au fond de l'inconnu pour y trouver du nouveau »[154] ».

C'est pourquoi, à en croire Popper, ce qui rend la connaissance scientifique digne d'être recherchée, ce n'est vraiment pas sa « validité » ou même sa « légitimité » dans sa correspondance avec les faits étudiés, mais plutôt sa condition de possibilité d'être trouvée « invalide » ou même « illégitime » dans la même condition de correspondance aux faits.

En conséquence, la portée gnoséologique de la théorie poppérienne des trois Mondes, s'exprimant surtout par le fonctionnement du Monde 3, au moyen de l'exigence épistémologico-cosmologique de ne prouver ni que nous possédons des connaissances-certitudes, ni que nous avons les moyens de justifier la véracité des propositions universelles, ni que nous disposons des méthodes efficaces de succès/réussite, ni plutôt que la connaissance que nous avons de l'univers dérive –par correspondance– de l'univers même, ni non plus que l'univers à connaître se réduise à la connaissance que nous en avons, consiste en une espèce de « *carré logique* » dont les objets d'ordre général de la philosophie sont essentiellement :

[154] Alain BOYER, « La rationalité ouverte. From swords to words », in *Karl Popper : un philosophe dans le siècle, op. cit.* pp. 5-6.

1. l'épistémologie et
2. la cosmologie ;

Puis les objets d'ordre particulier sont essentiellement :
3. la connaissance empirique et
4. l'univers indéterminé.

Seulement, c'est ici un ensemble de relations où il doit être strictement interdit la « subalternance » (ou subalternation), si tant est qu'on ne sache jamais comment justifier la véracité des objets logiques universels. Or, la relation de subalternance s'exprimant entre les objets logiques universels et les objets logiques particuliers dispose que chaque fois que la proposition universelle en tant que subalternante est vraie, la proposition particulière en tant que subalternée doit aussi être vraie nécessairement ; mais que quand la subalternante est fausse, la subalternée peut être soit vraie soit fausse. Ce qui, au regard de notre exemple, dispose que l'on ne doive jamais dériver la « connaissance empirique » du corpus de l'épistémologie, ni « l'indétermination de l'univers » du corpus de la cosmologie. Ce qui ne serait ni plus ni moins qu'une gageure.

L'enjeu gnoséologique de la théorie des trois Mondes serait alors de conduire à une sorte d'impasse qui n'aurait d'intérêt qu'à prêter le flanc aux essentialistes, aux philosophes de la croyance et aux philosophes du sens des mots qui croient que l'*anti-essentialisme* de Popper *ruine la philosophie analytique*, sans savoir que Popper s'en prend en cela aux *seuls partisans du sens des mots pour le sens des mots*, c'est-à-dire ceux qui font du sens des mots une fin en soi, plutôt que d'y voir une procédure : une procédure qui conduit à prendre au sérieux les problèmes que posent, soulèvent et résolvent les questions concernant les faits et leurs affirmations sur les faits, c'est-à-dire les théories et les hypothèses. L'on sait, en effet, comment dans la jeunesse de son esprit, à l'âge de convaincre en dissuadant des esprits quasi conservateurs, Popper récuse l'attitude de toujours abuser de l'importance des mots et de leur signification authentique, pour leur opposer l'exigence éthique selon laquelle : « *Ne jamais céder à la tentation de prendre au sérieux les problèmes concernant les mots et leur signification. Ce qui doit être pris au sérieux, ce sont les questions qui concernent les faits et leurs affirmations sur les faits : les théories et les hypothèses ; les problèmes qu'elles résolvent ; et les problèmes qu'elles soulèvent* »[155].

Pour l'avoir compris, Emmanuel Malolo Dissakè indique que :

> « S'il ya bien quelque chose que Popper ne pourrait se priver de critiquer, c'est l'intérêt pour les mots quand ceux-ci sont considérés pour eux-mêmes. L'idée est simple : c'est que se pencher « particulièrement sur le sens des mots » n'est pas seulement générateur de verbalismes de toutes sortes (...) mais que cela peut avoir des conséquences hautement plus importantes. Par exemple, « la cause fondamentale de la dissolution du Cercle de Vienne et du positivisme logique » est, selon *La Quête inachevée* (non plus tellement que Popper l'ait tué, comme on peut être tenté de croire en considérant la réponse que le philosophe donne à la question de John Passmore : « Who killed the logical positivism ? »), tout simplement « le fait que son esprit soit devenu scolastique » (...) Résonne alors ici, tout naturellement, l'écho du précepte anti-essentialiste. Si les mots sont « des détails sans importance » qui ne méritent pas que nous nous y concentrions, il suit que « l'analyse des significations » considérée comme un but en soi... est toujours sans objet » (...) Et si « la nouvelle voie des mots » est si fortement critiquable et tellement décriée, c'est précisément parce qu'elle reste prisonnière de la pacotille des mots, qu'elle s'y embourbe, et comme s'il y avait lieu d'en être fier, en réclame la spécialité. Comme le dit bien Popper, « les philosophies du sens et les philosophies du langage (pour autant qu'elles s'intéressent aux mots) se fourvoient (...), ce qui, tout bien considéré, n'est peut-être qu'une hypostase de la leçon soigneusement apprise à l'occasion de la

---

[155] Karl Raimund POPPER, *La Logique de la Découverte Scientifique*, 1973, Paris, Payot.

mésaventure à propos de l'autobiographie de Strindberg »[156].

Tel que cela apparaît, il peut être admis que la question de l'importance des mots et de leur signification authentique, au sujet de quoi Popper formule l'exigence éthique dans l'élaboration et le déroulement de la « discussion rationnelle », ouvre à un type de dialogues lucides où les interlocuteurs se rejettent les arguments dans la recherche de la validité de ceux-ci. C'est une attitude qui rappelle la structure des « dialogues intelligents » tels que présentés par Ricardo Sousa Silvestre[157], par exemple.

III.10.1- *La théorie de la discussion rationnelle : une figure de la logique des « dialogues intelligents » ?*

Brève esquisse de présentation de la théorie poppérienne de la discussion rationnelle

Telle qu'elle se déploie dans le penser poppérien, la théorie de la discussion rationnelle peut s'entendre comme la compréhension qu'a Popper du cadre théorique de la discussion menée entre des interlocuteurs en vue de la recherche de la vérité au travers des arguments rendus valides par la stratégie de la victoire du locuteur ou de son interlocuteur. Ainsi que je venais de le relever plus haut, ce cadre de débats implique le principe de la réfutabilité argumentative qui présuppose la critique lorsque celui-ci fonctionne conformément à la nature absolument faillible de l'esprit humain. La raison critique ainsi en œuvre ne signifie nullement la croyance en la toute-puissance de la raison humaine, qui, et j'en conviens avec Popper, ne peut tenir de rang que très modeste dans la vie humaine : le rang de la réflexion critique, de la discussion

---

[156] Emmanuel MALOLO DISSAKE, *Karl Popper, Langage, falsificationnisme et science objective*, Collection « Philosophies », Paris, PUF, 2004, pp. 61, 62, 68.

[157] Ricardo SOUSA SILVESTRE, « Sur l'aspect inférentiel de la logique des dialogues intelligents », *Dissertatio UFPEL [30],* 2009, 2010, pp. 249-268.

critique[158]. En effet, par l'intermédiaire de la critique, de la discussion critique avec d'autres locuteurs et par l'intermédiaire même de l'autocritique, nous pouvons apprendre. C'est donc « apprendre » qui est le point d'ancrage du débat critique. Apprendre que l'on ne sait « rien » de façon absolue ; apprendre que l'interlocuteur peut être mieux édifié et informé ; apprendre à être disposé à s'instruire auprès de l'interlocuteur, sans toutefois se laisser persuader ou même convaincre naïvement, mais apprendre à exposer ses idées à la critique d'autrui et à critiquer les siennes.

La théorie de la discussion rationnelle ouvre à la sagesse de distinguer entre les multiples facteurs des idées émises et/ou reçues. Ainsi, elle offre les conditions de limitation possible du pouvoir de la raison humaine qui se sait naturellement faillible, au point d'admettre que « *l'acceptation ou le rejet d'une idée ne saurait être affaire purement rationnelle* »[159]. On distinguera par exemple entre la connaissance du sens commun et une autre forme de connaissance qui tiendrait de tel ou tel autre sens. C'est pourquoi je m'instruirai toujours de mon interlocuteur. Mes conclusions évolueront au rythme des siennes, selon qu'elles peuvent me faire changer d'idées (parce qu'elles sont valides et convaincantes) ou non (parce qu'elles se révèlent invalides à ma critique). Je changerai d'avis, d'opinion, d'attitude et même de croyance pour « mettre à jour » mes informations au regard des inférences convaincantes de l'interlocuteur. C'est ici tout l'enjeu de la disposition du « *give and take* » (du donner et du prendre) que Popper place au fondement principiel de la discussion rationnelle. Le conflit d'idées rend ainsi notre discussion intelligente, lucide de ses propres limites, consciente de ses normes, m'apprenant que je suis redevable de ma raison à celle de l'interlocuteur. Un sens d'autocritique qui me convainc du sens d'humilité qui m'est intrinsèque. Popper traduit ainsi qu'il suit les dispositions rationnelles du « *give and take* » :

[158] Karl Raimund Popper, *A la recherche d'un monde meilleur. Essais et conférences*, Paris, Les Belles Lettres, Collection « Le goût des idées », 2011, p. 274.

[159] Karl Raimund POPPER, *ibid.*, p. 275.

> « Peut-être as-tu raison, et peut-être ai-je tort ; et même si, dans notre discussion critique, nous ne tranchons peut-être pas définitivement qui de nous deux a raison, du moins pouvons-nous espérer qu'à la suite d'une telle discussion nous verrons les choses plus clairement qu'auparavant. Nous pouvons apprendre l'un de l'autre tant que nous n'oublions pas qu'il n'importe pas tant de savoir qui a raison que d'approcher la vérité objective. Car pour toi comme pour moi il y va au premier chef de la vérité objective »[160].

Le locuteur poppérien, celui que Popper appelle « *l'Aufklärer véritable* », c'est-à-dire le véritable rationaliste, n'a pas et ne saurait avoir la prétention de « persuader », c'est-à-dire de rallier *tout de go* à sa cause, quoi qu'il puisse vouloir « convaincre », c'est-à-dire faire comprendre au moyen de la validité de ses inférences. Il sait et reste conscient du fait qu'il peut se tromper. L'*Aufklärer poppérien* est assez sage pour provoquer « socratiquement » la contradiction, la critique et l'autocritique en l'esprit de l'interlocuteur qu'il ne veut justement pas emballer mais en qui il veut librement forger une « opinion ». La notion de « liberté d'esprit » est inhérente au fonctionnement de la discussion rationnelle dans l'épistémologie poppérienne. Voici comment Popper s'en explique :

> « Voici l'une des raisons pour lesquelles l'*Aufklärer* ne veut pas persuader (...). Il sait qu'en dehors de la sphère étroite de la logique et, peut-être, des mathématiques, il n'y a pas de preuves. Pour le dire en bref : *il n'y a rien que l'on puisse prouver.* Assurément, on peut avancer des arguments et l'on peut soumettre des points de vue à examen critique. Mais en dehors des mathématiques notre argumentation n'est jamais sans faille. Nous devons toujours soupeser les raisons avancées ; nous devons toujours trancher lesquelles l'emportent : celles qui militent en faveur d'un point de vue ou celles qui militent

[160] Karl Raimund POPPER, *ibid.*, p.275.

contre lui. Rechercher la vérité et forger une opinion propre en passent donc toujours par le moment de la libre décision. Et c'est la libre décision qui fait toute la valeur humaine d'une opinion »[161].

Tout ceci laisse clairement entendre la question du langage, dans son utilisation et sa compréhension, exactement telle que nous la retrouvons dans la problématique des « dialogues intelligents ». En effet, pour Popper, s'il est une somme d'éléments indispensables au développement scientifique, c'est aussi et surtout la combinaison nécessaire du langage, la formulation des problèmes, l'émergence de nouvelles situations problématiques, les théories concurrentes et la critique réciproque grâce à des arguments[162] « intelligents ». C'est, en fait, à l'intérieur d'une telle somme de langage *argumentativement* critique qu'est possible la connaissance objective. J'en conviens. Puisque, *poppériennement*, ce n'est pas tant avoir raison dans le débat qui importe, mais que la validité de tes arguments serve au langage argumentatif de conduire à la connaissance objective.

A tout bien prendre, dans la théorie poppérienne de la discussion rationnelle, la liberté de pensée, le conflit d'idées, l'indépendance de décision, la critique, l'autocritique, l'intersubjectivité conversationnelle et notions semblables, constituent le corpus notionnel qui intègre l'interlocution entre un « proposant » et un « opposant ».

Brève esquisse de présentation de la Logique dialogique

Je me fonde, pour cette section, sur deux Ecoles de logique dialogique : l'Ecole de Shahid Rahman et l'Ecole de Henry Prakken et G. Sartor.

En effet, l'on se souviendra encore de la structure du « *dialogue* » tel que conçu et déroulé à l'Ecole de Logique de l'Université de Lille 3 par les chercheurs du « Pragmatisme

---

[161] Karl Raimund POPPER, *ibid.*, p. 277.

[162] Karl Raimund POPPER, *La Connaissance Objective*, Paris, Aubier Flammarion, 1991, p. 201.

Dialogique », autour de Shahid Rahman[163]. Ici, le dialogue se structure en un jeu de conflit d'idées entre un proposant (P) et un opposant (O). Une structuration qui fonde tout l'enjeu de la « logique dialogique » (LD) en tant que « logique du dialogue », encore appelée « sémantique des jeux » (SJ), c'est-à-dire une approche des sémantiques de la logique fondée sur le concept de validité (pour la LD) ou de vérité (pour la SJ). On peut dès lors considérer le « *dialogue* » comme un ensemble ordonné de pairs [A, a] où *A* est un acte illocutoire et *a* est l'agent qui a accompli l'acte. Cependant, l'accomplissement de l'acte A_i par l'agent *a* est, en général, dépendant des A_j, dans la relation $j<i$; et cette dépendance est indissociable de la compréhension de ces actes par l'agent *a*. A cet effet, pour choisir quel acte il doit accomplir et qui soit pertinent, l'agent doit d'abord comprendre les autres actes exprimés par les autres agents. Par conséquent, la compréhension des actes illocutoires isolés par l'interlocuteur est indispensable à l'accomplissement du dialogue[164]. Il est, en ce sens clair que, les actes illocutoires sont des actions intentionnelles. Ce qui implique que toute tentative de les accomplir a l'un ou l'autre des deux destins suivants : réussir ou échouer. Et, puisque ce n'est pas la « vérité » que recherche l'agent locutoire mais le « succès » de son acte, à la notion de conditions de vérité, la logique des actes illocutoires substitue la notion de conditions de succès d'un acte de langage. J. Searle et D. Vanderveken, en 1985[165], y ont mené une étude appliquée, se fondant sur la logique intensionnelle de Montague[166].

---

[163] Le « Pragmatisme Dialogique » est un Groupe de travail de l'UMR 8163 STL-CNRS, que dirige le Professeur Dr. Shahid Rahman à l'Université de Lille 3 Charles-de-Gaulle. Les chercheurs au sein de ce Groupe de travail s'orientent davantage sur l'axe « Logique et Argumentation ». J'en suis moi-même « Chercheur associé » depuis 2008.

[164] Ricardo SOUSA SILVESTRE, *op. cit.*, p. 260.

[165] J. SEARLE & D. VANDERVEKEN, *Foundations of illocutionary logic*, Cambridge University Press, 1985, p. 199.

[166] R. MONTAGUE, « Universal grammar », in *Theoria* 36, pp. 373-398. Voir aussi "The proper treatment of quantification in ordinary English", in K.J.J. Hintikka et al. 'eds), *Approaches to natural language*, Dordrecht, pp. 344-354.

Il est clair que dans cette tentative de définition de la notion de « dialogue », je passe outre la classification des différentes sortes de dialogues qui tiennent de leurs causes respectives, telles que les présentent D.N. Walton et E.C.W.

Par ailleurs, s'il s'impose de présenter brièvement la logique intensionnelle de Montague, en me fondant sur ce qu'en dit L.T.F. Gamut en 1984 dans *Logic, Language and Meaning*, volume II (Intensional Logic and Logic Grammar), je reprendrais que c'est une logique modale d'ordre supérieur avec deux types primitifs que sont : le type « *e* » des entités individuelles et le type « *t* » des valeurs de vérité. Les types satisfont aux clauses : *e* et *t* sont des types ; si αet β sont des types, alors <α, β> est un type ; si α est un type, alors <#, α> est un type. Le type <α, β> correspond à une fonction dont les arguments sont des éléments de type α et dont le résultat sera un élément de type β. Par exemple, « *court* »est de type <*e*, *t*>. L'élément « # » n'est cependant pas pris comme un type. Sur un univers d'interprétation, cet élément correspond à un ensemble *I* de mondes possibles. Le type <#, α> correspond donc à une fonction dont les arguments sont des mondes possibles et qui donnent comme valeur un élément de type α. Le couple <#, α> désigne ainsi le type des entités intensionnelles. Puis, on se donne un alphabet dont les éléments constitutifs sont essentiellement :

- Des constantes individuelles et prédicatives ;
- Des variables d'individus et de prédicats ;
- Des opérateurs : □ (de nécessité) ; λ (lambda) ;
  v (d'extensionalisation) ; ∧ (d'intensionalisation).

Traitant les constantes et les variables comme termes premiers, on engendre les termes complexes à l'aide des clauses :

- Si *A* est un terme de type <α, β> et si *B* est un terme de type α, alors *A*(*B*) est un terme de type β ;
- Si *x* et *A* sont des termes de type (respectivement) α et β, alors *λxA* est un terme de type <α, β>. [Une expression de la forme *λxA* se lit : la fonction qui à *x* associe *A*] ;
- Si *A* est un terme de type α, alors ∧*A* (« intensionalisation de *A* ») est un terme de type <#, α> ;
- Si *A* est un terme de type <#, α>, alors v*A* (« extensionalisation de *A* ») est un terme de type α.

A la lumière de cette présentation succincte, l'on se rend bien compte qu'on a une sémantique en termes de mondes possibles. Globalement, on se donne un ensemble d'indices *I* et un ensemble d'individus *D*, puis on définit les dénotations relatives aux objets de différents types. Les conditions de récurrence pour les formules épousent la forme traditionnelle. La notion de « validité » d'une formule est elle aussi définie de façon habituelle… Tel est même le sens de la brève description de la logique intensionnelle de Montague que donne Xavier Parent dans sa Thèse doctorale sur *Logiques non-monotones et modes d'argumentation*, 2 décembre 2002, pp. 44-45.

Krabbe[167]. C'est une classification qui s'appuie sur deux critères principalement : 1/ la nature de la situation initiale, puis 2/ la nature du but poursuivi par les interlocuteurs. En cela, l'origine du dialogue peut être soit un conflit d'opinions, soit l'existence d'un problème, soit un manque d'information. Dans le premier cas, les interlocuteurs peuvent soit vouloir déterminer laquelle des deux opinions est exacte (dialogue de genre persuasion/conviction ou discussion critique, comme dans la *théorie poppérienne du dialogue*), soit rechercher l'accord des parties, abstraction faite éventuellement de la valeur de vérité des deux propositions (dialogue de genre négociation). Par ailleurs, lorsqu'à l'origine du dialogue se trouve un problème, les interlocuteurs peuvent vouloir soit lui trouver une réponse définitive (dialogue de genre enquête), soit seulement trouver un accord sur la base duquel agir (dialogue de genre délibératif). En cela, lorsqu'un simple défaut d'information est à l'origine du dialogue, les interlocuteurs plongent dans un dialogue de quête d'information (*information seeking*).

En LD, cela s'entend, la notion de « validité » est fondée sur l'existence d'une stratégie gagnante pour le proposant. Cette approche se reconnaît *argumentativement* par des concepts des jeux théorétiques à l'instar de l'existence d'une stratégie de victoire pour les joueurs[168]. Des joueurs sont en confrontation d'opinions. Chacun conçoit et développe constamment un ensemble de stratégies de victoire, puisqu'il faut viser de gagner. La Logique se conçoit ainsi de façon dynamique et exige de nouvelles relations avec l'argumentation et les sciences du langage. De ce point de vue, la dialogique ou logique du dialogue aborde la logique comme une notion en soi pragmatique, en se présentant elle-même comme une

---

[167] D. N. WALTON & E. C. W. KRABBE, *Commitment in Dialogue*, State University of New York Press, 1995, p. 85.

[168] Pour cette présentation de la Logique Dialogique, j'ai recouru à Juan Redmond dans son ouvrage *Logique Dynamique de la Fiction. Pour une approche dialogique*, in *Cahiers de Logique et d'Epistémologie*, volume 9, College Publications, 2010, Chapitre V : pp. 225-. L'auteur y fait un développement des travaux de Shahid Rahman et ses Collaborateurs respectivement de Helge Rückett à l'Université des Saarlandes et du Groupe de recherche « Pragmatisme Dialogique » de l'Université de Lille 3.

argumentation conversationnelle. Juan Redmond indique explicitement que ce dialogue que manifeste ainsi l'argumentation se déroule entre deux parties : un proposant, qui défend une thèse, et un opposant, qui attaque cette thèse. La thèse est dite « valide » si et seulement si le proposant arrive à la défendre contre toutes les attaques possibles par l'opposant. Dans le cas contraire, l'« invalidité » de la thèse est avérée. Au demeurant, la validité ou l'invalidité de la thèse est rendue possible au travers de l'observance des « règles » de signification des connecteurs logiques (ou particules). Ces règles autour desquelles sont organisés les dialogues sont de deux types : 1/ les règles qui déterminent leur signification locale (appelées règles de particules), et 2/ les règles déterminant leur signification globale (appelées règles structurelles).

1. *Une règle de particule* est une forme argumentative, qui est une description abstraite de la façon dont on peut critiquer une formule, en fonction de son connecteur (ou particule) principal, et des réponses possibles à ces critiques. La description est abstraite du simple fait qu'elle ne contient aucune référence à un contexte de jeu déterminé et ne dit que la manière d'attaquer ou de défendre une formule. *Dialogiquement*, les règles de particules déterminent la sémantique locale du dialogue parce qu'elles en indiquent le déroulement d'un fragment de dialogue, où tout ce qui est en jeu est une critique qui porte sur le connecteur principal de la formule en question et la réponse correspondante, plutôt que sur le contexte (logique) global dont la formule est une composante. Juan Redmond explique qu'on peut aborder ces règles en supposant que l'un des joueurs (X ou Y) asserte une formule qu'il doit ensuite défendre face aux attaques de l'autre joueur (Y ou X, respectivement). L'assertion est soit une conjonction (∧), soit une disjonction (V), soit une conditionnelle (→), soit une négation (¬), soit une expression quantifiée, au premier ordre). Ce qui fait, de façon générale, qu'on ait deux types de coups dans les dialogues : a/ les *attaques* (qui peuvent consister en questions ou concessions) et b/ les *défenses* (qui consistent en réponses à ces attaques). Les

défenses se constituent en des *justifications*. Une justification, pour une formule complexe, implique qu'on soit en mesure de la défendre contre toutes les attaques possibles du joueur adverse. En revanche, une justification pour une formule atomique signifie qu'on est en mesure d'opter pour une stratégie qui permette de la jouer avec succès. Pour énoncer de telles règles, on utilise les expressions suivantes dont le lecteur trouvera la combinaison symbolique aux pages 229 à 236 du livre de Juan Redmond et qui rappellent celles mises au jour à l'Ecole de Kuno Lorenz et Paul Lorenzen (1978) :

$$X\text{- }!\text{-}\Psi,\ Y\text{- }!\text{-}\Psi,\ X\text{- }?\text{-}\Psi \text{ et } Y\text{- }?\text{-}\Psi$$
$$\text{en supposant que } X \neq Y$$

2. *Les règles structurelles* établissent l'organisation générale du dialogue qui, lui, commence avec la « thèse ». La thèse est jouée par le proposant qui se doit de la justifier, en la défendant contre toutes les critiques (ou attaques) possibles de l'opposant. Lorsque ce qui est en jeu est de tester s'il y a une preuve de la thèse, les règles structurelles doivent fournir une méthode de décision. Elles seront choisies de manière à ce que le proposant réussisse à défendre sa thèse contre toutes les critiques possibles de l'opposant si et seulement si la thèse est valide. Toutefois, différents types de dialogues peuvent avoir différents types de règles structurelles. Il est à noter que les dialogues s'appuient sur l'hypothèse que chacun des joueurs suit toujours la meilleure stratégie possible. En ce sens, les participants aux dialogues, P et O, sont en fait des agents idéalisés, et que, dans la vie réelle il peut arriver que l'un ou l'autre soit cognitivement limité au point d'adopter une stratégie qui le fasse échouer contre certaines ou contre toutes les séquences de coups joués par l'opposant même si une stratégie gagnante était disponible. Or, les agents idéalisés des dialogues ne sont guère limités ; dire qu'ils « ont une stratégie » signifie qu'il existe, par un critère combinatoire, un certain type de fonction. Pour la présentation et la mise en œuvre des règles structurelles, le lecteur pourra se référer au développement qu'en fait Juan Redmond aux pages 237 à 241 de son livre sus-cité.

En tout état de cause, en LD, il s'agit d'un « *duel* » présenté sous la forme d'une partie entre un proposant (P) et un opposant (O) et qui prend appui sur un système argumentatif donné.

Suivant le système logique de H. Prakken et G. Sartor (1997), ou même dans ceux de G. Brewka (1994), P.M. Dung (1992), G. Vreeswijk (1993) et R.P. Loui (1998), l'on utilisera les expressions « PRO » (pour dire le proposant) et « OPP » (pour parler de l'opposant). Ici, un dialogue a le sens d'une suite non-vide de coups (*moves*) M_i de la forme = ($Joueur_i$, A_i) et tels que :

1. $Joueur_i$ = PRO, lorsque i est pair ; $Joueur_i$ = OPP, lorsque i est impair ;
2. Si $Joueur_i$ = PRO (i >1), alors A_i défait A_{i-1}, seulement l'inverse est faux : A_{i-1} ne défait pas A_i ;
3. Si $Joueur_i$ = OPP, alors A_i défait A_{i-1}, et l'inverse peut être vrai, c'est-à-dire A_{i-1} peut défaire A_i.

La partie s'ouvre donc avec l'action du PRO : choisissant un énoncé à défendre, il argumente en sa faveur (condition 1). L'OPP prend la relève et tente de trouver un contre-argument (conditions 1 et 3). S'il y parvient, le PRO tente de désamorcer le contre-argument de l'OPP (conditions 1 et 2), et ainsi de suite, jusqu'à ce l'un des deux interlocuteurs ne puisse plus contre-argumenter, autrement dit l'autre interlocuteur est dit « avoir gagné » la partie dialogique. Il peut se passer que la réplique de l'OPP défasse celle du PRO, tout en étant elle-même défaite par celle-ci. Prakken et Sartor parlent dans ce cas de « défaite non-stricte ». La défaite sera « stricte » si et seulement si la réplique du PRO défait celle de l'OPP sans se laisser défaire par celle-ci. Ce qui peut se résumer, ainsi que le restitue Xavier Parent, de manière que :

Il est clair, selon ce schéma, que le PRO doit nécessairement répondre à l'OPP en utilisant un contre-argument de force supérieure, tandis que l'OPP peut répondre en avançant un contre-argument de force seulement égale. Cela se comprend aisément du simple fait que, l'OPP a pour seul rôle d'empêcher le PRO d'établir la vérité de l'énoncé de départ.

Cela tient aussi de ce que, après avoir précisé les règles auxquelles les joueurs doivent obéir pour la sérénité du dialogue –règles qui rappellent celles de particules et celles structurelles mises au jour à l'Ecole de Shahid Rahman– Prakken et Sartor produisent, pour chaque argument « A » du système argumentatif, un « arbre dialogique » ou l'« arbre de preuve ». L'arbre dialogique décrit l'ensemble des parties que les interlocuteurs peuvent jouer, si le PRO décide de défendre « A » à tous coups ; chaque nœud de l'arbre correspondant à un coup possible et chaque branche à une partie dialogique. Il va ensuite être exigé que : si $Joueur_i$ = PRO, alors les successeurs immédiats de M_i sont tous des contre-arguments à A_i. Par conséquent, établir la « preuve de A » reviendra à s'assurer qu'il existe bien un arbre dialogique de nœud initial A et dont chaque branche décrit une partie gagnée par le PRO. Pour n'être pas défait, le dernier des arguments que le PRO avance réinstalle tous ceux qu'il a antérieurement défendus, et donc aussi l'énoncé A. L'exemple des arguments A – B – C – D que donne Xavier Parent[169] en dit long… Soit !

Au fond, il est une donne constante dans l'histoire du système de langage logique de Prakken et Sartor qu'on ne saurait jamais occulter. Quelques séquences de cette donne ne peuvent manquer de figurer, même dans l'esquisse la plus courte de la restitution du corpus de ce système de langage logique[170]. En effet, inspirés par le raisonnement juridique dans les années 1996-1997, Prakken et Sartor ont développé un système d'argumentation qui combine le langage de la logique par défaut avec la sémantique fondamentale de l'approche

---

[169] Xavier PARENT, *op. cit.*, p.107.

[170] Cf. Henry PRAKKEN & Gerard VREESWIJK, « Logics for defeasible argumentation », in D. Gabbay and F. Guenthner (eds), *Handbook of Philosophical Logic*, second edition, Vol. 4, Kluwer Academic Publishers, Dordrecht, 2002, pp. 66-70.

BDKT[171]. Au départ, Prakken et Sartor utilisèrent le langage de la programmation logique élargi jusqu'à ce que, en 1997, Prakken généralisera le système au langage de la logique par défaut. Les principales contributions à l'argumentation qui peut être défaite sont une étude de la relation entre le refus et la supposition de l'attaque, et une formalisation de l'argumentation à propos des critères de défaite. Cet emploi du langage de la logique par défaut et l'application de la sémantique fondamentale rendirent le système de Prakken et Sartor plutôt semblable à celui que Simari et Loui ont développé en 1992, par exemple[172]. Au demeurant, tous les deux systèmes logiques emploient le langage de la logique par défaut, et leurs notions d'arguments sont tout à fait semblables ; ils emploient une règle du *modus ponens* pour les défauts. Et finalement, les deux systèmes utilisent la sémantique fondamentale, et ont une version procédurale sous la forme dialectique. Ils ouvrent ainsi des débats à propos des priorités spécifiques au domaine d'argumentation. Toutefois, la particularité du système de Prakken et Sartor est qu'il élargit ce nouveau système combiné en le révisant à certains égards. En effet, les défauts du système élargi ne sont plus à deux places, mais à trois places ; ce qui permet de distinguer la réfutation de l'attaque de la supposition. Le système élargi permet en outre de comparer des arguments pour n'importe quelle raison, et des débats pour ces raisons-là. Soit !

Mais, comment établir la symétrie entre ces développements respectifs de l'Ecole de Shahid Rahman et de celle de Prakken et Sartor avec la dynamique de la théorie poppérienne de la discussion rationnelle de manière à saisir la théorie poppérienne de la discussion rationnelle comme une figure de la logique des dialogues intelligents ? La question demeure.

---

[171] C'est l'approche sémantico-logique développée par A. Bondarenko, P. M. Dung, R. A. Kowalski et F. Toni dans un article commun de 1997 intitulé « An abstract argumentation-theoretic approach to default reasoning », publié dans *Artificial Intelligence* 93, pp. 63-101.

[172] G. R. SIMARI & R. P. LOUI, "A mathematical treatment of defeasible argumentation and its implementation", in *Artificial Intelligence* 53, pp. 125-157.

Brève esquisse de présentation de la Logique des « dialogues intelligents »

La Logique des dialogues intelligents (LDI) peut s'entendre comme la logique des dialogues qui utilisent le « langage » d'une façon quelque peu ressemblante à celle des êtres humains ; c'est-à-dire la logique qui permet la mécanisation des dialogues humains. C'est un vieux rêve des théoriciens de l'Intelligence Artificielle. Je pense ici aux travaux de J. F. Allen (1994), de J. Weizenbaum (1976), de D. Vanderveken (1999), ou même à ceux de R. Reiter (1980), de Donald Nute (1994), de H. Prakken (1997), etc. Il s'agit essentiellement en LDI de la compréhension du langage. Or, il est au cœur du phénomène de la compréhension du langage ce que l'on appelle la « non-monotonie ». Mécaniser le langage présuppose et implique donc de le comprendre par rapport au langage naturel. Et, pour y parvenir, les théoriciens en la matière réfèrent au phénomène « non littéral du langage ». A cet effet, l'étude de la LDI se focalise essentiellement sur des notions de compréhension du langage, de mécanisation non-monotonique du raisonnement et de non-littéralisation du langage. Ce qui s'oppose épistémologiquement à la monotonie du raisonnement et à la littéralisation en langage naturel.

Que signifie alors « *mécaniser le langage* » ? C'est, on ne peut mieux, réduire le langage à un jeu de signes sur les signes et entre les signes. J'allais dire que c'est essentiellement formaliser le langage, c'est-à-dire le comprendre à partir d'un certain nombre de règles syntaxiques données appelées « règles de dérivation » ou « règles de transformation ». Elles sont généralement de deux types : 1/ le *modus ponens* (ou règle de détachement) et 2/ la règle de substitution. En LDI, ces règles peuvent avoir une autre forme, selon les cas. Le détachement ici fonctionne de manière que, étant posés une implication et son antécédent, il est possible de déduire logiquement le conséquent. La substitution quant à elle autorise à remplacer dans une formule donnée une proposition quelconque en toutes ses occurrences par une autre proposition, *salva veritate*, c'est-à-dire sans porter préjudice à la vérité acquise. Ce remplacement n'est du reste valide que lorsqu'il permet de dériver une expression ou une formule nécessairement équivalente à celle de départ. Ainsi, à l'arrivée comme au départ de la substitution, on doit avoir une expression bien formée (EBF) syntaxiquement justifiée, c'est-à-dire une thèse ou un théorème. Dans cette optique, on appellera « thèse » ou « théorème » la vérité ou l'ensemble de vérités démontrées dans un système formel donné, par application des règles de dérivation. La thèse ainsi produite s'écrira avec le symbole de la déduction syntaxique représentable par : $\vdash$, (au contraire du symbole de la déduction sémantique qui peut être représenté par : $\models$).

Puisque je parle de « syntaxique logique », je voudrais rappeler le fait que l'approche syntaxique de la logique est une séquence de la pensée strictement formalisée. Ici, tout contenu sémantique logique se trouve évacué en vue de la fameuse « mécanisation » du raisonnement qui devient, selon ces règles, un raisonnement « non-monotone ». Le raisonnement, objet de la syntaxique logique, se construit mécaniquement. En rendant ainsi le raisonnement véritablement mécanique, la syntaxique logique exclut toutes les situations possibles de fausseté pour ne se préoccuper que des situations de l'absolument vrai, chaque étape de l'algorithme de démonstration devant être nécessairement justifiée. Ce faisant, il y a dans le domaine de la syntaxique logique comme une mise en contexte des règles de la construction formelle du raisonnement. Ces règles sont, au final, des procédures de construction sourdes, muettes et aveugles de la pensée qui fonctionnent sur la base des règles de dérivation ou de transformation. Ici, il n'importe que la manière dont on les déroule, avec toutes les conséquences épistémologiques subséquentes possibles. J'aime bien la défense du syllogisme que Leibniz conçoit ainsi qu'il suit pour rendre compte d'une telle situation de mécanisation du raisonnement:

> « On trouvera plus souvent qu'on ne pense (en examinant les paralogismes des auteurs) qu'ils ont péché contre les règles de la logique, et j'ai moi-même expérimenté quelquefois, en disputant même par écrit avec des

personnes de bonne foi, qu'on n'a commencé à s'entendre que lorsqu'on a argumenté en forme pour débrouiller un chaos de raisonnements (...) Or, il faut savoir que par les *arguments en forme* je n'entends pas seulement cette manière scolastique d'argumenter dont on se sert dans les collèges, mais tout raisonnement qui conclut par la force de la forme, et où l'on n'a besoin de suppléer aucun article ; de sorte qu'un sorite, un autre tissu de syllogismes qui évite la répétition, même un compte bien dressé, un calcul d'algèbre, une analyse des infinitésimales, me seront à peu près des arguments en forme, puisque leur forme de raisonner a été prédémontrée, en sorte qu'on est sûr de ne s'y point tromper »[173].

Et la « *non-monotonie du raisonnement* » quant à elle ? J'en conviens avec Ricardo Sousa Silvestre[174] que la non-monotonie se dit généralement d'une classe d'inférences, d'un raisonnement ou d'une logique où l'acte d'additionner de nouvelles prémisses à l'ensemble total de prémisses change fondamentalement les conclusions obtenues jusqu'au moment de l'addition. Ce qui est contraire à une logique de raisonnement monotone au sein duquel la monotonie se joue comme propriété fondamentale de sorte que l'acte d'ajouter de nouvelles informations dans les prémisses ne permet pas de changer les conclusions précédemment atteintes. Ce que manifeste l'exemple suivant, dans un système d'inférence monotone, puisque l'addition des formules neuves à l'ensemble de prémisses ne change pas le statut des conclusions :

Si B est mon ensemble de prémisses,
Si α est une conclusion faite à partir de B,
Alors α continuera d'être une conclusion valable quels que soient les nouveaux faits que j'additionne à B.

---

[173] Gottfried-Wilhelm LEIBNIZ, *Nouveaux Essais sur l'Entendement Humain*, Paris, PUF, pp. 101, 103.
[174] Ricardo SOUSA SILVESTRE, *op. cit.*, pp. 251-254.

Sur la base d'un tel exemple, il est dit dans la logique classique que, si α est une conclusion ou un théorème de B, où α est une formule et B un ensemble de formules, pour toutes les formules de β, α est alors un théorème de $B \cup \beta$. Ce qui rappelle bien ce que l'on vient de dire à propos de l'approche logico-syntaxique où tout contexte sémantique est évacué au profit de l'aspect exclusivement formel du raisonnement qui, désormais, ne porte que sur le « vrai » se fondant sur des règles de dérivation et la manière dont on les déroule. L'une des conséquences épistémologiques possibles est, dans ce cas, la « prétention à la construction et la reconstruction des vérités-certitudes ». Puisque, tout agent de pensée ici concerné croit en une proposition « p », avec une croyance certaine de telle façon que, indépendamment des autres propositions (« q », « r », « s », etc.) qu'il peut connaître, il va continuer à croire en la vérité de « p ». Ceci est un contexte d'ordre idéal, comme c'est le cas des applications dans le monde mathématique.

Or, dans le contexte d'ordre des situations de la réalité ontologique –la majorité des situations dans lesquels le sujet humain raisonne– le raisonnement se spécifie tellement que la monotonie peut ne plus fonctionner, parce que nos conclusions prises sur un fait peuvent soit rater soit ne plus être des conclusions conséquentes après que nous avons obtenu de nouvelles informations. C'est dans ces cas que nous sommes obligés de changer notre ensemble de croyances, de changer d'idée, certainement pour adopter le point de vue de l'interlocuteur, par exemple, si ce n'est pour s'adapter à la nouvelle donne présente. J'aime bien l'illustration suivante souvent citée en Intelligence Artificielle :

Ensemble d'informations :

1. Le vol Paris-Londres décolle à 7 heures ;
2. Le vol Paris-Londres dure 1 heure ;
3. En général, les avions sont à l'heure.

Interprétation de « en général » que nous symbolisons: p(X)

Pour tout X_0 qui est un X, on peut légitimement supposer que $p(X_0)$ est vrai, sauf dans les conditions où :

- L'on sait déjà que $p(X_0)$ est faux ;

- L'on peut déduire de nos connaissances que $p(X_0)$ est faux ;
- Le fait que $p(X_0)$ soit vrai n'introduit pas de contradiction ;
- Les connaissances du système ne permettent pas de déduire $\neg p(X_0)$.

On déduit alors :

L'avion de Paris arrivera à l'heure, c'est-à-dire : à 8 heures.

Mais, si on ajoute :

4. Les contrôleurs aériens font grève entre 6 heures et 8 heures ;
5. Les grèves produisent des retards ;

Que déduire donc ?

Il va de soi que la déduction devient ipso facto impossible, et la monotonie selon laquelle :

Si A◊B alors Th(A) ◊ Th(B) n'est plus vérifiée.

Comme on peut s'en apercevoir, il est très facile de vérifier dans cet exemple du contexte d'ordre des situations de la réalité ontologique qu'une certaine conclusion (L'avion de Paris arrivera à l'heure) a cessé d'être une conclusion en face d'une nouvelle information (les expressions 4 et 5). Un tel raisonnement est bien non-monotone en raison de ce que les inférences sont faites à partir d'une connaissance incomplète. Les théoriciens de la LDI utilisée en Intelligence Artificielle appellent parfois ce type de raisonnement du nom de « *raisonnement de sens commun* »[175], et lui reconnaissent deux propriétés principales : 1/ il est accompli et véritablement exigé pour des situations où la connaissance disponible est incomplète, ce qui donne des conclusions non-certaines à cause de l'apparition de nouvelles informations ; et 2/ il est représentatif du raisonnement non-monotone. Sur la base de telles propriétés fonctionnelles, ce raisonnement est aussi

---

[175] Cf. W. LUKASZEWICZ, 1990; G. BREWKA, 1991.

considéré comme un raisonnement non-monotone, c'est-à-dire un raisonnement incertain qui justifie le cadre théorique fonctionnel des logiques du sens commun ou logiques non-monotones.

L'illustration souvent citée en Intelligence Artificielle reprise ci-dessus utilise un certain type d'« inférence non-monotone » qui décrit le cas d'une situation typique ou normale : j'y ai fait l'inférence générale qui dit que, dans un cas normal, si je suis dans l'ignorance d'un fait tel que les contrôleurs aériens font grève entre 6 heures et 8 heures et que les grèves produisent des retards, je peux conclure que le fait pour l'avion de Paris d'arriver à l'heure est vrai. En ce sens, les inférences par défaut se conçoivent bien comme des inférences que nous voulons bien considérer comme vraies pour n'avoir pas les connaissances nécessaires en vue de les réfuter. Néanmoins, si nous acquérons de nouvelles connaissances contradictoires à celles que nous avons assumées, alors nous devons retracer notre inférence.

Mais, il existe un autre type de raisonnement dit « *raisonnement par défaut* » que développe Raymond Reiter (1980), ou Moore (1980 ; 1985), par exemple. Reiter introduit la *logique des défauts* pour formaliser le raisonnement par des hypothèses de défaut[176]. Ce type de logique implique un raisonnement où l'on attribue une propriété à un objet basée seulement sur le fait que le prototype ou modèle de la classe d'objets a cette propriété. Il en va ainsi de l'attribution de la propriété de « voler » à un objet à partir de l'information qu'il est un « oiseau ». Généralement, une caractéristique typique des oiseaux est qu'ils volent, c'est-à-dire que le prototype des oiseaux a la propriété de voler. Dans ce cas, si je sais que « Tweety » est un oiseau, je peux *conclure par défaut* que Tweety vole. Et si, postérieurement, je découvre que mon Tweety est un pingouin (sachant que le pingouin ne saurait voler), alors je renoncerai à ma conclusion antérieure.

L'histoire de l'étude de l'Intelligence Artificielle (IA) considère le raisonnement par défaut comme un raisonnement

---

[176] Raymond REITER, « A logic for default reasoning », in *Artificial Intelligence*, 1980, pp. 81-132.

fait par des *règles avec exception* ou comme un raisonnement par prototypes. Ce qui fait que tous les types de raisonnements non-monotones traités en IA lui sont équivalents. Cependant, les autres types de raisonnements du genre « raisonnement auto-épistémique » ou même « raisonnement des représentations conventionnelles » privilégient respectivement les applications où la croyance est fondamentale, et les typicités déterminées conventionnellement.

Au bout du compte de cette brève présentation de la LDI, en vue d'identifier les moments du raisonnement (non-monotone essentiellement) qui intègreraient la théorie poppérienne de la discussion rationnelle dans le registre de la LDI, je voudrais rappeler que :

(i) : On appelle « raisonnement non-monotone », tout raisonnement qui permet de tirer des conclusions qui pourront être invalidées à la lumière de nouvelles informations. Dans cette optique, un système logique est non-monotone, lorsque sa relation de prouvabilité (c'est-à-dire ses règles de démonstration) viole la propriété de monotonie qui stipule que, étant donnés deux ensembles de prémisses (ou hypothèses) S et S', si S est inclus dans S', alors l'ensemble des théorèmes démontrables à partir de S est inclus dans l'ensemble des théorèmes démontrables à partir de S'. Le viol de la propriété de monotonie ici se produit lorsqu'il arrive que S soit inclus dans S' et que l'ensemble des théorèmes démontrables à partir de S ne soit pas inclus dans l'ensemble des théorèmes démontrables à partir de S'.

(ii) : On appelle « inférence non-monotone », une inférence du genre, étant donné A, en l'absence d'évidence de B, conclure C. Ce qui, intuitivement, dispose que, A est en faveur de C et que l'absence de B en assure la rationalité.

Dans l'exemple y afférent cité ci-dessus, « Le vol Paris-Londres décolle à 7 heures ; il dure 1 heure ; et en général, les avions sont à l'heure » : ces EBF sont en faveur de : « L'avion de Paris arrivera à l'heure, c'est-à-dire : à 8 heures ». L'absence de l'information « Les contrôleurs aériens font grève entre 6 heures et 8 heures ; et les grèves produisent des retards », ou de toute autre information contradictoire avec la circonstance, conduit bien à cette conclusion.

(iii) : Le raisonnement de sens commun est non-monotone. Il pose généralement le problème de la révision des croyances ou de la mise à jour de nos habitudes de pensée, la mise à jour de la base de données, puisqu'une expression donnée est une croyance potentielle. Dans la logique des défauts que développe Reiter (1980), la connaissance de sens commun est représentée par une théorie de défauts « T = (W, D) où W={axiomes de la théorie T}, et D est un ensemble de défauts.

(iv) : Les raisonnements non-monotones sont distingués (par Moore) en deux grandes classes : la classe du raisonnement par défaut et la classe du raisonnement auto-épistémique. Le raisonnement par défaut tire ses conclusions en se basant sur des faits vrais en général. On introduit la notion de « règle de défaut » qui va permettre de donner des conclusions dans les cas où, l'information n'étant peut-être pas complète, on se réfère aux connaissances générales dans la situation telle qu'elle est connue. Ceci rappelle l'exemple de « l'oiseau Tweety ». Car, « si X est un oiseau, et qu'on n'a pas de raison de croire qu'il ne peut pas voler, alors X vole ». Ce que l'on notera :

$$\frac{\textit{Oiseau (X) : Vole (X)}}{\textit{Vole (X)}}$$

Les « défauts » permettent de déduire des conclusions plausibles (mais pas nécessairement vraies) sur l'état du monde. Une règle de défaut est notée :

$$\frac{A : B_i, \ldots, B_n}{C}$$

De sorte que « A » soit le pré-requis du défaut, les B_i constituent sa justification et C son conséquent.

Le raisonnement auto-épistémique permet, quant à lui, d'obtenir une conclusion C selon le schéma suivant :

« Si C était faux, je le saurais (d'une manière ou d'une autre : je l'aurais démontré, vérifié, appris, ...) ; ce n'est pas le cas, donc C est une conclusion valide ».

Toutefois, à ce compte, le problème de la symétrie demeure entier. Comment donc établir la symétrie entre ces développements respectifs de l'Ecole de Shahid Rahman et de celle de Prakken et Sartor, sur la « logique du dialogue », puis les multiples développements de la logique des « dialogues intelligents » avec la dynamique de la théorie poppérienne de la discussion rationnelle de manière à saisir la théorie poppérienne de la discussion rationnelle comme une figure de la logique des dialogues intelligents ? Quels peuvent en être les points convergents ?

Qu'est-ce qui fait de la théorie poppérienne de la discussion rationnelle une figure de la Logique des « dialogues intelligents » ?

Le parallèle peut être tracé et compris : il s'agit d'un duel d'idées entre des interlocuteurs. Le dialogue poppérien, qui vient de la nature de la situation initiale, est par essence un conflit d'opinions, quoi qu'il puisse y subsister l'existence d'un problème quelconque ou un manque d'information à préciser. Il vise, selon les cas, la « persuasion » et/ou la « conviction » d'un interlocuteur par un autre. Car il s'agit de déterminer entre plusieurs points de vue lequel est le plus exact pour l'emporter sur les autres. Le principe de la discussion rationnelle est tout simple : des sujets dialogiques « A » et « B » s'affrontent autour d'une situation quelconque qui peut revêtir telle ou telle nature. De cette intersubjectivité dialogique naîtra soit une discussion fructueuse, soit une discussion infructueuse.

La discussion est fructueuse lorsque les interlocuteurs progressent dynamiquement dans leurs postures respectives, c'est-à-dire :

- Soit que le point de vue de A convainc B qui y adhère ;
- Soit que le point de vue de B convainc A qui y adhère ;

Ainsi A ou B change d'attitude, lorsque l'interlocuteur est convaincant. Dans cet état, l'attitude d' « humilité » doit remplir l'esprit aussi bien du convaincu que du convaincant.

La discussion est, en revanche, infructueuse, lorsque les points de vue du proposant et de l'opposant restent et demeurent statiques. Plusieurs raisons concourent à cet état de non-convaincu et non-convaincant, et donc de non-conviction :

- Soit que A et B ne maîtrisent pas les règles du jeu dialogique, aussi bien les règles de particules que les règles structurelles, et donc les principes du raisonnement non-monotonique ;
- Soit que A les maîtrise pendant que B ne les maîtrise pas ;
- Soit que B maîtrise plutôt les règles du jeu argumentatif pendant que A ne les maîtrise aucunement ;
- Soit que A et B maîtrisent plutôt les règles du jeu dialogique mais manquent d'humilité dans la pratique de celles-ci. Alors, les considérations conversationnelles s'effritent et font rater la cible du dialogue.

En conséquence, il peut être admis que, dans la mesure où l'intersubjectivité dialogique fait « jouer » des interlocuteurs (un proposant et un opposant) capables d'observer les règles des différentes stratégies de victoire, en vue d'une discussion fructueuse, sous-tendue par la vertu de l'« humilité dialogique », il ne fait l'ombre d'aucun doute que la théorie poppérienne de la discussion rationnelle intègre dynamiquement le registre de la Logique des « dialogues intelligents ». (Voir le Tableau de symétrie en Annexe 2).

III.10.2- *Le « carré logique » philosophique supposé*

Dans ce que j'ose nommer le « *carré logique* » philosophique chez Popper, les objets universels (épistémologie (E) et cosmologie (C)) ne sont pas en opposition mutuelle, tout autant que ne le sont les objets particuliers (connaissance empirique (CE) et indétermination de l'univers (IU)). Ils sont plutôt complémentaires les uns aux autres. Aussi l'épistémologie et l'indétermination de l'univers ne sont-elles pas en contradiction, de même que la cosmologie et la connaissance empirique ne sont pas du tout contradictoires. Daniel Pimbé le comprend si bien, et, ce qui m'en convainc c'est l'argument suivant d'une conclusion qui ne clôt pas sa pensée :

> « La leçon de l'épistémologie, ne l'oublions pas, est que nous ne réussissons que pour pouvoir échouer, et à la fin pour échouer effectivement. C'est la cosmologie qui donne un sens nouveau à cet enseignement : elle nous dit que si nous ne réussissons effectivement que pour pouvoir échouer, c'est parce que le miracle de notre réussite, inexplicable à partir de l'univers, rencontre le miracle adverse de l'univers, irréductible à notre connaissance. En le rencontrant, il le révèle : la science enchante le monde »[177].

Ainsi se présenterait mon espèce de « *carré logique* » philosophique possible chez Popper au sein duquel il ne règne pas d'opposition mais seulement sévit la complémentarité :

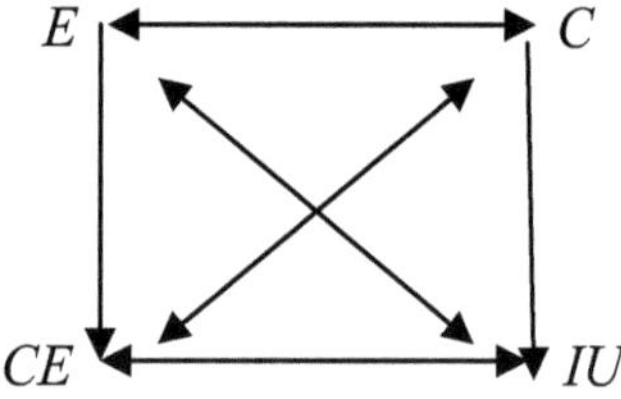

La flèche à double sens traduit le rapport de complémentarité entre les différents objets en relation. La flèche unidirectionnelle quant à elle devrait traduire la relation de subalternance qui, malheureusement, ne saurait se justifier du simple fait de l'impossibilité de justifier la véracité des objets universels conduisant par ce fait même à l'impossibilité de faire dériver les objets particuliers de ceux universels.

---

[177] Daniel PIMBE, *L'explication interdite. Essai sur la théorie de la connaissance chez Karl Popper*, *op. cit.*, p. 301.

Je dis que « E » et « C » ne sont pas en antagonisme : elles ne s'excluent pas ; elles ne s'opposent ni faiblement ni fortement ; elles s'incluent mutuellement plutôt, l'intérêt de la « philosophie des sciences » résidant essentiellement dans sa contribution scientifiquement à l'étude du monde, c'est-à-dire à la « cosmologie » que Popper définit comme la compréhension (connaissance) de l'être du monde, de l'homme et de la connaissance en tant qu'elle fait partie du monde. Au contraire des analystes du langage, les essentialistes qui croient qu'il ne saurait y avoir de problèmes philosophiques authentiques ou que tout éventuel problème de la philosophie n'aurait de sens qu'en se ramenant à l'usage linguistique ou à la signification des mots, Popper soutient, en effet que :

> « Je crois personnellement qu'il y a au moins un problème philosophique qui intéresse tous les hommes qui pensent. C'est le problème de la cosmologie : le problème de comprendre le monde, nous-mêmes, et notre connaissance en tant qu'elle fait partie du monde. Je crois que toute science est cosmologie et, pour moi, l'intérêt de la philosophie aussi bien que celui de la science, résident uniquement dans leurs contributions à l'étude du monde. Pour moi, en tout cas, la philosophie comme la science perdraient tout leur attrait si elles devraient renoncer à un effort dans ce sens. Comprendre les fonctions du langage constitue une part importante de cet effort, sans doute. En revanche, il n'en est pas de même de l'élucidation de nos problèmes comme des énigmes purement linguistiques »[178].

Tout peut être ainsi clair au sujet des objets universels (« E » et « C ») de notre carré logique qui interfèrent *onto-logiquement* les uns sur les autres, de même qu'interfèrent les uns sur les autres les objets particuliers (« CE » et « IU »). En effet, que veut dire l' « épistémologie » si ce n'est l'étude (universellement) des étants scientifiques tels qu'ils nous

[178] Karl Raimund POPPER, *La Logique de la Découverte Scientifique*, Paris, Payot, 1973, p.12.

apparaissent (particulièrement) ? Que fait l' « épistémologie » si ce n'est étudier (universellement) l'étant (particulier) de l'univers (« C ») dont elle dit le caractère indéterminé parce que ouvert de part en part (« IU ») par un homme dont l'esprit connaissant conquiert (singulièrement) un type de connaissance qui, appliquée à l'univers ouvert, se veut empirique (« CE ») ? Une telle manière de conduire l'étude scientifique n'est plus ni moins qu'une « *ontologie* ». Je dirais mieux en terme aristotélicien, une « *onto-logique* », en tant que discours logique sur ce que l'être est. A ce niveau d'argumentation, je voudrais me rappeler la définition que donne Kostas Axelos de cette notion d' « *onto-logique* ». Il dit exactement que :

> « En même temps que toute ontologie demeure sous l'emprise de la logique, (elle) se constitue en tant qu'onto-logique (c'est-à-dire que tout discours sur l'être fait par le biais de la logique est une vérité correspondance »[179].

La correspondance ici est tout autant celle que je relève d'une part entre les objets universels puis d'autre part entre les objets particuliers, que celle s'établissant entre les faits énoncés et les énoncés sur les faits précis.

III.10.3- *La théorie de l'« onto-logique » : Popper entre Aristote et Tarski*

Il est évident que l'onto-logique poppérienne diffère « par degré » de l'onto-logique aristotélicienne, nonobstant le fait que l'une et l'autre s'édifient à partir du « fait » ou de l' « objet » en correspondance avec le « langage ». Si donc Aristote circonscrit l'onto-logique dans la correspondance supposée entre l'objet à penser et la pensée de l'objet, pour Popper en revanche le corpus du savoir scientifique ne saurait se comprendre que pour un objet de la pensée falsifiable et des énoncés aussi réfutables appliqués à la compréhension d'un tel

[179] Kostas AXELOS, *Contribution à la logique*, Paris, Editions de Minuit, 1977, p. 23.

objet. En d'autres termes, l'onto-logique aristotélicienne qui dit la correspondance nécessaire entre l'objet et le langage, sous la prééminence de l'objet, est restée « substantialiste » d'autant qu'elle substantialise et élève en paradigmes incommensurables l'objet et le langage. L'onto-logique poppérienne se veut cependant « essentialisante », du fait qu'elle se construit sur l'objet conjecturel des éléments en relation de correspondance nécessaire qui ne sont en tout que des paradigmes commensurables. A cet effet, au contraire de l'onto-logique aristotélicienne, l'onto-logique poppérienne se fonde sur une conception réaliste des choses. Ce réalisme se découvre à la fois comme le lieu de production de la connaissance objective et comme une condition nécessaire de distinction entre un type de « société close » et un type de « société ouverte ». Ainsi, le réalisme poppérien qui considère aussi la vérité onto-logique consacre la communauté comme lieu de la critique dialogique, de la discussion rationnelle, et donc de la communication intersubjective par l'usage critique du langage. Aristote découvre aussi la valeur de la communauté comme lieu du débat critique par l'usage du langage. Cependant, le « sujet aristotélicien » n'agit délibérément que ne le fait le « sujet poppérien ». Le sujet aristotélicien « est agi » par la Cause première, l'Essence première de l'Etre, le Démiurge de toute réalité : il est essentiellement déifié, au contraire du sujet poppérien qui est « universellement » humanisé et qui délibère en toute responsabilité dans la proportion de son espace-temps. Voilà comment la différence entre l'onto-logique aristotélicienne et l'onto-logique poppérienne s'entend comme une différence de degré de définition.

Il est aussi évident que l'onto-logique poppérienne diffère, cette fois « par nature » de l'onto-logique tarskienne qui constitue le « modèle de langage » comme foyer procédural à partir duquel s'établit et se pose la question de la vérité-correspondance, là où Popper construit l' « objet » lui-même comme point d'ancrage de la relation de correspondance nécessaire[180]. Popper reconsidère, en fait, la conception

[180] Cf. Karl Raimund POPPER, *La Connaissance Objective*, Paris, Aubier-Flammarion, 1991, pp. 471-490. Aussi Philippe de ROUILHAN, « Note sur

tarskienne de la vérité à l'intérieur de laquelle il n'est fait de place à aucun critère de vérité, mais seulement aux conditions d'existence de la vérité en tant que modalités du vrai. Il le signifie ainsi : « *La théorie de Tarski nous autorise à définir la vérité comme correspondance avec les faits ; mais nous pouvons aussi nous en servir pour définir la réalité comme ce à quoi correspondent des énoncés vrais* »[181]. Cette situation tient au fait que le seul problème de Tarski est de formuler des manières de dire le vrai dans la description des faits à partir d'un langage-objet dont l'interprétation en appelle un métalangage plus riche et consistant. Ainsi Popper rendra, à sa manière donc, la théorie tarskienne de la vérité-correspondance plus accessible, en considérant que le langage logique offre une pluralité de manières possibles de dire la vérité, et en établissant ces modalités possibles du vrai. Ce sont, en fait, ces différentes modalités du vrai qui font de la « vérité » un « idéal » plutôt qu'un « objectif », c'est-à-dire un concept régulateur de la recherche dans une perspective ou dans une autre. Voici comment Popper signifie l'importance de la théorie tarskienne de la vérité-correspondance :

> « De mon point de vue, ce n'est pas parce qu'elle a réussi à décrire une méthode de définition de vrai que l'œuvre de Tarski est si importante du point de vue philosophique, c'est parce qu'il a réhabilité la théorie de la vérité comme correspondance, et démontré qu'il n'y a ici aucune difficulté cachée supplémentaire une fois que l'on a compris la nécessité essentielle d'un métalangage sémantique qui soit plus riche que le langage-objet et sa syntaxe. Il est assez clair que, si nous en avons envie, nous avons le droit de partir de termes sémantiques primitifs (...) au lieu de les éviter avec soin. Nous parviendrions, pour l'essentiel, à la même théorie sémantique de la vérité comme correspondance avec les faits »[182].

Popper lecteur de Tarski », in *Philosophia Scientiae*, Vol. 11 Cahier 1, 2007, Paris, Editions Kimé, pp. 131-148.

[181] Karl Raimund POPPER, *ibid.*, p. 483.

[182] Karl Raimund POPPER, *ibid.*, p. 482.

Seulement, comme l'on peut s'en rendre compte, la différence entre l'onto-logique tarskienne et l'onto-logique poppérienne est une différence de degré de définition, de la même nature que celle à établir entre l'onto-logique aristotélicienne et l'onto-logique tarskienne. C'est, à n'en point douter, cette différence de degré qui caractérise la théorie poppérienne que l'on pourrait qualifier de « théorie de la nouvelle onto-logique ».

De ce point de vue, c'est, en effet, « être aristotélicien » ou « être tarskien » que d'ériger en paradigme incommensurable, c'est-à-dire en absolu le « langage », la norme idéelle de la pensée ou l' « objet », la norme matérielle de la chose à penser, pour une recherche onto-logique de la question de la vérité. Cette absolutisation ne veut pas pour autant dire que l'histoire de la pensée scientifique n'atteste pas de progrès substantiel de la connaissance. Dans le cas ici évoqué d'une possibilité de la « théorie de la nouvelle onto-logique », c'est dans la position même du problème plutôt que dans sa solution qu'il faut chercher le principe d'un tel progrès. La problématique de l'onto-logique que pose Aristote et que précise (à sa manière) Alfred Tarski s'est singulièrement explicitée depuis Karl Raimund Popper. En effet, Aristote pose le problème onto-logique de la vérité-correspondance en rattachant l'objet au langage, sous la prééminence de l'objet. Tarski cherchera à fonder la correspondance du langage à l'objet dans l'unité du langage qu'il établit comme le seul déterminant cognitif. Pour Popper, en revanche, l'esprit ne se donne plus un objet qui soit fixe et qui demeure posé devant lui ; l'esprit cherche à se saisir lui-même dans un mouvement auto-référentiel par rapport à l'objet qu'il veut connaître[183]. Suivant cette formule poppérienne, il y a comme une « unité immédiate » entre ce que l'on dit et ce dont on parle : une « homogénéité complexe » qui traduit la relation de correspondance onto-logique entre le langage et l'objet[184].

A cet effet, la dualité du langage et de l'objet, de l'énoncé et des faits, revêt un intérêt heuristique au-delà de son caractère

---

[183] Karl Raimund POPPER, *ibid.*, Chapitres III et VIII.

[184] Karl Raimund POPPER, 1985, pp. 330-336.

aristotélicien ou même tarskien dogmatique et donc absolu. L'alternative doit être résolue par la faculté pratique de réfutabilité argumentative dont revêt tout esprit connaissant. Car, du point de vue onto-logique, la dualité ne doit pas être interprétée comme une solution ; c'est plutôt une position de problème. C'est pourquoi, la solution à apporter à la problématique onto-logique de la vérité ne devra pas partir d'un objet ou d'un langage érigés chacun en paradigme et s'excluant mutuellement. Elle procédera de la question de la vérité elle-même qui n'est rendue possible que par la correspondance logique des deux catégories philosophiques selon qu'ils sont trouvés réfutables, c'est-à-dire le « langage » qui est fonction des faits qu'il permet de circonscrire et de représenter symboliquement puis de tels « faits » signifiés par le langage. En d'autres termes, si l'onto-logique se dit de la correspondance nécessaire entre l'énoncé et les faits, c'est dans la possibilité même de cette corrélation qu'il faut chercher le principe de cette définition et non dans une possibilité d'exclusion mutuelle des énoncés et des faits. Voici comment nous pouvons représenter la conception poppérienne de la vérité-correspondance ouvrant à la différence d'avec la théorie aristotélicienne et la théorie tarskienne de l'onto-logique :

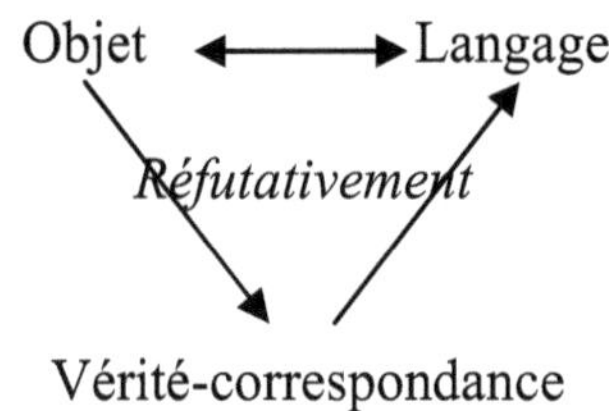

La notion de *vérité* prise dans l'optique de l'onto-logique non classique fonctionne sous forme d'idéal, d'intention, mais une intention pratique qui tire son essence de la correspondance avec la vie. J'ai souvent utilisé l'image de « destination d'un passionnant voyage de la conscience »[185] où les voyageurs que sont les prémisses onto-logiquement vraies débouchent nécessairement sur un lieu (la conclusion) qui, au fond, jauge de

[185] J'en parle longuement dans ma Thèse doctorale.

leur validité, c'est-à-dire leur conformité aux faits qui les conditionnent, et donc à la circonstance du voyage. Le motif du voyage est absolument significatif et holistique ; c'est une balise incontournable à laquelle tient le succès du parcours. Ceci pour dire, de mon avis, que la vérité n'est pas une notion épistémologique ni même épistémique. Elle est une valeur fondamentale et a une valeur holistique du fait qu'elle guide notre quête de sens en tant qu'idée régulatrice de la science et de l'histoire des sciences. Ceci n'est, du point de vue de la science logique classique, qu'une pure chimère, puisque la notion de vérité n'aura d'objectivité que sa pure subjectivité, penserait-on.

Il vient d'un tel point de vue que le lien à établir, ou déjà établi, entre la notion de vérité et le symbolisme de la logique classique aussi bien ancienne que moderne diffère par essence de la relation qu'il est possible de construire non-classiquement entre la notion de vérité et le dispositif symbolico-logique non classique. Car, lorsque l'idée de vérité régule notre quête infinie de sens et se constitue en une « idée sémantique », parce qu'elle se rapporte à la réalité que représente la symbolique logique non-classique, elle fonctionne cependant comme une « idée syntaxique » dans la symbolique logique classique où il ne compte que la forme logico-structurelle de l'argument qui la contient.

Ainsi, le symbolisme logico-classique produit la vérité en elle-même, c'est-à-dire une vérité qui n'est que par ce qu'elle se dit être, tandis que dans la théorie de la nouvelle onto-logique il est envisagé davantage que la simple vérité : une vérité inédite, la plus intéressante possible en considération du contenu informatif de l'énoncé qui la valide, conformément au conditionnement gnoséologique de sa construction.

Au bout du compte

Il est clair que « *grâce à ce troisième monde culturel et grâce aux autres, on apprend à devenir un soi* (*Learning to be a self*) », tel que le fait remarquer Alain Boyer liant mutuellement « le savoir objectif » et « ses créateurs » dans une dialectique selon laquelle ce savoir ne saurait évoluer seul désarticulé de la conscience de ses créateurs dont il est lui-même le constituant[186]. La portée gnoséologique de la théorie poppérienne des trois Mondes, mise en œuvre au travers du fonctionnement du Monde 3, dans ses relations mutuelles avec le Monde 1 et le Monde 2, peut ainsi faire entendre la théorie comme un cadre théorique possible d'émergence de « soi » dans la compréhension nécessaire d' « autrui » ; un « soi » qui se « nie » pour ne se reconnaître qu'en « autrui » sans s'y réduire. L'on dirait ainsi avec Alain Boyer que, en termes bachelardiens, la théorie poppérienne est au plus haut point une « *philosophie du non* » plutôt qu'une théorie de « *l'esprit scientifique* », fût-il « *nouveau* »[187].

[186] Alain BOYER, *Ibid.*, p. 11.
[187] Alain BOYER, *ibid.*, p. 12.

Chapitre IV

Exigence d'élargissement du schéma poppérien de la croissance de la connaissance scientifique

> « En tout cas, je pense que des deux questions, c'est la plus fondamentale, car je pense que la science part des problèmes (et non des observations, ni même des théories, bien qu'il faille admettre que l'« arrière-plan » du problème contiendra des théories et des mythes) »[188].

Nous avons résolument suivi Popper dans le processus d'élaboration constitutive de la formule de la chaîne d'évolution fondamentale de la science et son histoire à partir de la prise en compte des principes de la théorie rationnelle d'émergence. Les hésitations méthodologiques de Popper sont fort évidentes. Il reconnaît pourtant que « *l'arrière-plan* » du problème peut comporter des théories aussi bien que des mythes. C'est un ensemble de phénomènes que l'on peut nommer « *présupposés métaphysiques* » ou même « *postulats irrationnels* », mais qui régulent toute construction de problèmes, et, donc, toute tentative de solution.

On ne voit pas, en revanche, Popper désirer surmonter ses nombreuses hésitations méthodologiques préjudicielles. La formule demeure sursimplifiée, et l'intention de complexification reste un simple idéal. Ayant compris l'essentialité de l'intention, j'ai osé en (r)établir le défi. Puisque, c'est seulement dans un tel état de pensée que l'argumentation épistémo-logique construit son « infaillibilité » en se sachant (et, même, se voulant) faillible. C'est, en effet, quand il est faillible que l'épistémo-logique se sait infaillible, les conditions de son invalidité constituant celles mêmes de sa validité. L'incidence immédiate en est, sans nul doute,

[166] Karl Raimund POPPER, *La Connaissance Objective*, *op. cit.*, p. 281.

l'écroulement de l'édifice de la rationalité classique, de tous ses protocoles cognitifs et de tout son système gnoséologique.

En ce sens, de même que la méthodologie de la science classique porte en elle-même son forment destructeur, de même la méthodologie poppérienne porte en elle-même les conditions de son auto-réfutation. Ce qui ne serait qu'évident. En témoigne, entre autres, l'importante controverse mettant en présence et en conflit méthodologique Popper et Imré Lakatos, controverse ressortie dans *Histoire et Méthodologie des sciences* de ce « disciple indiscipliné » dont on pourrait bien discuter le contenu.

Ce qu'il y a, du reste, à craindre, c'est que la méthodologie de la pensée non classique en général ne connaisse d'implosion catastrophique. Ce qui serait tout à fait inadmissible, la science évoluant par mouvements de réfutation réfutative. Pierre Jacob estime cependant que : « *Si l'humanité employait son temps à réfuter chaque théorie, la science n'existerait pas et l'humanité ne survivrait pas* »[189]. C'est ainsi retourner à Popper sa propre critique de l'induction, si aucune loi scientifique ne peut s'obtenir par généralisation inductive des données d'observation empirique. Pourquoi, alors, Popper enseignerait-il au chercheur de s'employer « tout le temps » à réfuter des théories ? C'est, assurément, pour la recherche de la meilleure théorie à prédiquer comme scientifique ou encore la recherche de la meilleure action socio-politique, condition de possibilité du bonheur espéré de l'homme et de la société dans la réduction au maximum de la misère. Ce qui a tout autant inspiré Thomas Samuel Kuhn qui, au contraire, trouvera insatisfaisante la démarche réfutative par la réflexion strictement logique et la critique à l'essai et à l'erreur, enseignant ainsi de recourir à la psychologie (non au psychologisme qui considère toute chose comme « évidente ») et à la sociologie (non au sociologisme qui retient tout captif à l'observation ordinaire) des sciences.

Imré Lakatos essaie de circonscrire l'objet de cette controverse et en donne un contenu tout autant problématique que paradoxal dans son livre *Histoire et Méthodologie des*

---

[189] Pierre JACOB, *op. cit.*, p. 25.

sciences. Programmes de recherche et reconstruction rationnelle[190]. Il part, en effet, de ce que Thomas Samuel Kuhn a, d'une part raison d'objecter contre le « falsificationnisme naïf » de Popper (que Lakatos appelle *Popper*$_1$) et d'insister sur le caractère originellement continu de la croissance de la science et de la connaissance qui en relève, et donc sur l'évidence absolue de certaines théories scientifiques. Mais d'autre part, Kuhn manque de convaincre quand il pense qu'en disqualifiant le falsificationnisme naïf il s'est d'emblée débarrassé de toutes les variantes de ce falsificationnisme. Il ajoute que Kuhn trouve à réduire au programme poppérien de recherche, qui consiste pour le moins, à montrer à quelles conditions le progrès scientifique est possible, c'est-à-dire, à énoncer tout ce que présuppose et implique l'existence du processus objectif de connaissance. Cependant, Kuhn en exclut toute possibilité de reconstruction rationnelle de la croissance de la science.

Faire ainsi, pense Imré Lakatos, c'est ignorer la dynamique inhérente au « falsificationnisme sophistiqué » de Popper (qu'il qualifie de *Popper*$_2$, sans être le véritable Popper pour autant qui, lui, consiste en une conjugaison des éléments de *Popper*$_1$ et de ceux de *Popper*$_2$). C'est aussi méconnaître tout de la méthodologie poppérienne qui fonde le « pari poppérien » par quoi elle s'exprime. Car, la croissance de la science est, résolument pour Popper, non inductive et foncièrement rationnelle. Kuhn la veut plutôt non inductive et irrationnelle parce qu'il ne saurait exister de « logique de la découverte », mais seulement une « psychologie de la découverte ».

Ainsi, la critique du falsificationnisme naïf, qui porte sur l'impossibilité de (re) construction rationnelle de la science, puis ouvre sur l'impossibilité d'une logique de la découverte scientifique, est justificative de ce que, pour Kuhn, il y aura toujours d'abondantes anomalies et incompatibilités en science qu'une « crise » finira par renverser en période de « science normale ». Cette crise ne relèvera guère d'aucune cause rationnelle quelle qu'elle fût. La crise ainsi conçue est un

---

[190] Imré LAKATOS, *Histoire et Méthodologie des sciences. Programmes de recherche et reconstruction rationnelle*, Paris, PUF, 1994, pp.128-133.

« concept psychologique » qu'exprime un esprit de « panique » dans la communauté scientifique qui s'obligera à créer comme un nouveau paradigme avec un mode de fonctionnement particulièrement différent de celui de l'ancien. L'onde de choc de la crise résonnera tout aussi bien sur les théories et leurs règles de construction/démonstration que sur le mode de théorisation établi. L'on glisse, alors, d'un type de rationalité avec d'anciennes normes de l'ancien paradigme à un autre type de rationalité avec de nouvelles normes du nouveau paradigme ou programme de recherche. Des normes qui demeurent particulièrement singulières et qui ne sauraient être généralisées. C'est pourquoi, pour Kuhn, une « révolution scientifique » est quelque chose d'irrationnel, puisqu'elle relève de la « psychologie de masse ».

En conséquence, Kuhn réduit la philosophie des sciences à une psychologie des sciences quand il s'interdit la possibilité d'une logique de la découverte à la faveur d'une psychologie de la découverte dans la pratique scientifique. Une telle situation se comprend aisément si l'on se situe dans la contexture de la pratique scientifique d'alors ; c'est-à-dire, en reconsidérant les fondements méthodologiques du débat entre le vérificationnisme et le falsificationnisme que Popper engage avec les néo-positivistes. Le vérificationnisme, dont une variante est le justificationnisme, a produit une rationalité-modèle exclusive de la connaissance scientifique tel qu'il est difficile de concevoir / accepter autre forme de rationalité que celle qui exclut *a prioriquement* l'« irrationnel », un irrationnel qu'intègre le falsificationnisme. L'unique forme de rationalité vérificationniste considère la théorie scientifique comme empiriquement prouvable, et la connaissance scientifique comme cumulative. Le raisonnement hypothético-déductif suivant correspondrait fort bien à l'attitude du vérificationniste :

Si découvrir, c'est prouver
Et, si on ne peut rien prouver

Alors, il ne peut y avoir de découvertes véritables ; toutes découvertes n'étant que supposées. Ce qui peut être représenté par un raisonnement symbolique de type :

$$\begin{array}{l} \vdash A \rightarrow B \\ \vdash \neg B \\ \hline \vdash \neg A \end{array}$$

Or, un tel raisonnement hypothético-syllogistique pêche dès ses origines. Il ne saurait ainsi résister au temps de l'épreuve cognitive.

La psychologie des sciences dans le programme de Kuhn consiste à étudier non pas la croissance rationnelle de la science, non plus l'esprit de l'homme de science pris individuellement, mais l'esprit de la communauté scientifique ; elle se constitue en une psychologie des individus-hommes de science. Cela fonctionne exactement comme s'il était possible de distinguer l'individu de la société en tant qu'ensemble d'individus.

Lakatos ajoute dans cette lecture des éléments de la controverse entre Popper et Kuhn que, celui-ci a manqué d'attention sur le « falsificationnisme méthodologique » de Popper, sur son programme de recherche qui va bien au-delà de la science, et sur sa méthodologie dont les protocoles informatifs (surtout avec l'intégration des présupposés métaphysiques y relatifs) constitueraient d'efficaces instruments pour une théorie générale de la critique rationnelle de la pratique scientifique. Kuhn manque de saisir les grandes avancées de la rationalité scientifique qui résout le problème principal de la rationalité classique, le problème des fondements de la science et de la connaissance scientifique dans son histoire, par un autre problème plus informatif, celui de la croissance faillible et critique de la science et des conditions rationnelles de la scientificité d'une théorie. C'est pourquoi, pour Kuhn, on ne saurait falsifier une théorie scientifique pour des raisons objectives, du fait de l'incommensurabilité des théories rivales. De telles théories ne sont ni incompatibles, ni comparables quant à leur contenu. Toutefois, il est possible de les rendre incompatibles et de créer des conditions de comparabilité de leurs contenus respectifs, par le fait de la « détermination méthodologique ».

Or, c'est bien un objet du programme de la philosophie de Popper : l'engagement méthodologique par le biais de la réfutabilité argumentative.

De ce point de vue, la reconstruction rationnelle du progrès de la science est un cadre théorique de pluralité de possibles programmes de recherche susceptibles de s'opposer faiblement ou fortement par le double principe de la contrariété et de la contradiction. Dans sa fonctionnalité, une telle reconstruction de paradigmes se refuse la succession de théories hardies, de renversements dramatiques, et des stratagèmes conventionnalistes qui restreignent les contenus informatifs.

Or, pour Popper, la sélection des théories plus audacieuses se fonde sur le contenu déclaratif le plus soutenu, parce qu'ayant le plus d'informations possibles.

Au bout d'un tel compte, Kuhn développe une attitude dogmatique et stérilisante en considérant les périodes de stabilité de la pratique scientifique pour des moments fondamentaux de la « science normale », des traits socio-psychologiques du continuum scientifique. Puisque, la « crise », quand elle survient, ne découle d'aucune condition rationnelle, mais de l'état psychologique de la communauté scientifique. C'est pourquoi son programme de recherche, qui ne consiste qu'à décrire le changement de l'esprit scientifique normal pour l'individu collectif, ne produira jamais que des conditions de connaissances inaltérables, de connaissances accumulées, se perpétrant d'âge en âge. Le programme de Popper, qui consistait essentiellement à dire les conditions de la croissance objective de la science, ne produira, en revanche, que des ensembles de connaissances altérables, et ne prouvera la scientificité d'une théorie que par ses conditions d'invalidité.

De cette grande controverse entre l'accumulation des programmes de recherche et la sélection des théories scientifiques et politiques, il ressort que l'auteur de *La Structure des Révolutions Scientifiques* lui-même ne fait que déplacer la problématique, retombant dans ce qu'il redoute chez Popper : l'incommensurabilité des paradigmes scientifiques qui, d'une science normale à une autre, sont un cadre théorique de pensée dominant où fonctionnent des hypothèses ad hoc avec la crainte du « qualitatif paradigmatique ». Car, pour Kuhn, la révolution paradigmatique annonce essentiellement le passage, « au coup sur coup », d'un modèle explicatif vers un autre modèle d'explication. Puisque : « *décider de rejeter un paradigme, c'est toujours simultanément décider d'en admettre un autre* »[191].

Cela se passe dans la compréhension des « puzzles » inhérents au paradigme existant, le scientifique s'interdisant toute investigation tant prospectiviste que perspectiviste dans un paradigme à faire exister. L'échec dans le paradigme existant n'invalide pas la théorie mais le savant lui-même, la théorie scientifique devenant, alors, ni plus ni moins que dogmatique.

J'en conviendrais avec Popper pour contester avec Kuhn qui traite sa théorie de la falsification comme un « falsificationnisme naïf ».

En revanche, contester avec Kuhn sur le falsificationnisme naïf dont il accuse Popper, c'est accorder davantage d'intérêt à la critique que formule Imré Lakatos sur le « falsificationnisme méthodologique » poppérien, sans jamais adhérer, du reste, à son « falsificationnisme sophistiqué ».

Pour Lakatos, en effet, il existe plusieurs types de Popper. Le « vrai Popper », dont il critique assez sévèrement le programme de re-construction rationnelle de la science, et dont la thèse principale est la recherche des conditions de *criticabilité* ou de *falsifiabilité* de la science, est à circonscrire à l'interface entre $Popper_0$, $Popper_1$ et $Popper_2$. Si le Popper_0 était le tenant du falsificationnisme naïf plat, le Popper_1 serait le tenant du falsificationnisme naïf éclairé, mais encore dogmatique ; le Popper_2 étant, quant à lui, le tenant du falsificationnisme sophistiqué devenant méthodologique et fécond. Toutefois, la distinction entre $Popper_0$, $Popper_1$ et $Popper_2$ est essentiellement *de degré* et non de nature sur un Popper dont Lakatos semble ne pas suivre la fécondité de la démarche méthodologique.

Le falsificationnisme dogmatique est à comprendre comme cet élan de pensée méthodologique qui prétend que la falsification serait à l'abri de l'erreur humaine. C'est, bien

[191] Thomas Samuel KUHN, *La Structure des Révolutions Scientifiques*, *op. cit.*, p. 115.

entendu, un positivisme étranger à l'esprit du Popper de *La Logique de la Découverte Scientifique*, ouvrage dans lequel la critique sévère du falsificationnisme dogmatique n'a pas de pareil[192].

Le falsificationnisme naïf pose des critères de réfutation a priori, exigeant de se mettre d'accord sur la désignation des situations observables dont l'observation effective signifiera que la théorie est réfutée. En ce sens, la falsification sera à entendre comme le résultat de la dualité théorie-observation, sans qu'aucune théorie, fût-elle meilleure, ne soit nécessairement impliquée.

C'est le falsificationnisme sophistiqué qui adjoint à l'exigence originelle d'une possibilité de mise à l'épreuve empirique une autre exigence sur l'indépendance de la possibilité et une autre possibilité indépendante de possibles mises à l'épreuve donnant lieu à des corroborations, c'est-à-dire, à des moments de vérité à admettre au cas par cas. C'est de cette manière qu'il se fraye le chemin de la procédure inférencielle qui fait émerger le « véritable Popper » qui lui, consistera en la somme de $Popper_1$ et de quelques éléments de $Popper_2$.

Lakatos tire bon ton de l'inspiration poppérienne selon laquelle une théorie n'est scientifique que s'il est possible de la mettre à l'épreuve parce qu'on en connaît les conditions d'invalidation. Il écrira, à cet effet, sa démonstration des enchaînements déductifs et rationnels des preuves et réfutations en science. Il se démarque, dès lors, de Kuhn lorsqu'il considère que, dans la problématique de la croissance de la science et de la connaissance scientifique dans son histoire, il est question non pas d' « accumulation », mais de cohérence et de rigueur, d'expérience cruciale renouvelée par le biais des présupposés cachés, de théories antagonistes existantes et de reconstructions rationnelles dont l'essentiel enjeu s'avère être, sans nul doute, les différentes figures de la vérité d'une science. De fait, Lakatos adhère au critère poppérien de démarquer la science de la métaphysique par l'idée d'une démarcation entre les

[192] Karl Raimund POPPER, *Ibid.*, pp.133-138.

déplacements de problèmes « progressifs » et ceux de problèmes « dégénératifs ».

Il est clair que, les déplacements de problèmes peuvent être tantôt progressifs tantôt régressifs. L'élan de déplacement porte sur le degré de réfutation qui, lui-même, est lié au type d'anomalies inhérentes à la théorie scientifique. Un déplacement progressif exclut nécessairement le faible contenu informatif des hypothèses. Ce que tolère, en revanche, tout déplacement régressif dans une structure cognitive où les anomalies inexpliquées (mais explicables) abondent. Lakatos le reconnaît à la fois au Popper de *La Logique de la Découverte Scientifique*, traitant de l'aspect théorique des déplacements de problèmes, et à celui des *Conjectures et Réfutations*, discutant de l'aspect empirique de la réfutabilité argumentative des énoncés et des choses qu'ils expriment. C'est ici tout l'enjeu du « stratagème ad' hoc » au contenu informatif plus élevé qui produira de théories nouvelles aussi ad' hoc que leurs fondements, parce que susceptibles de subir d'éventuelles nouvelles falsifications.

Ce dernier type de déplacements met en jeu le rôle quasi-heuristique de la « métaphysique influente » que Popper circonscrit efficacement dans son *Postscript. After Twenty Years*, quand il critique l'attitude dogmatique du scientifique qui consiste à rester accroché à une théorie aussi longtemps que possible, sans jamais en référer aux conditions nécessaires et réelles de son in-validation. Une théorie à faire fonctionner comme un « programme pour la science ».

Seulement, ce que l'on pourrait reprocher à Imré Lakatos, c'est, entre autres, d'avoir traité la « réfutation » (qu'il nomme *démonstration d'une incompatibilité*) comme une critique absolument négative, n'accordant à cet effet aucun crédit à la critique même, parce qu'exclusivement destructive. L'éliminabilité est conçue comme une fin en soi. Lakatos cherche donc ailleurs que dans le principe même d'éliminabilité les conditions d'une re-construction rationnelle de la science, s'opposant ainsi à ce qu'il dit être la « morale falsificatrice » de Popper.

C'est pourtant cet Imré Lakatos qui s'était proposé d'élaborer une philosophie du faillibilisme critique qui trouverait son inspiration dans la croissance du développement de la science plutôt que dans le problème des fondements des sciences !

C'est bien cet auteur à la vigueur dialectique de l'esprit de la plus incisive défense, de la plus manifeste illustration, et de la plus acerbe critique (positive) du faillibilisme de Popper !

C'est bien Lakatos à qui il convient de reconnaître sa répugnance quant à considérer une œuvre comme achevée, puis son pouvoir de ne jamais suspendre sa critique corrosive de ses propres analyses ! On le lui reconnaît dans sa conception des mathématiques comme une science « quasi empirique » mais dont on appauvrissait si souvent la rigueur et la cohérence critiques en la considérant comme le modèle de la plus parfaite rationalité.

Un tel engouement critique lui vint bien de ce Popper dont il disait avoir compris la substance du programme de recherche. Ce signe d'une conviction tout à fait sincère, profonde et réfléchie aux thèses de Popper se stipule ainsi :

> « Les idées de Popper constituent le développement le plus important dans la philosophie du XXe siècle, un accomplissement dans la tradition (...). Personnellement, ma dette à son égard est incommensurable ; plus que tout autre, il a changé ma vie. J'avais presque quarante ans quand je suis entré dans le champ magnétique de son intellect. Sa philosophie m'a aidé à rompre définitivement avec le point de vue hégélien que j'avais soutenu pendant près de vingt ans. Chose plus importante encore, je lui dois vraiment une gamme très féconde de problèmes avec un véritable programme de recherche »[193].

A ce jour, cet optimisme de Lakatos est une position ambivalente au regard du programme poppérien dont il critique les thèses au nom d'un certain rationalisme critique négligemment appréhendé dans ses fondements et ses implications méta-théoriques. En ce sens, Lakatos paraît comme

---

[193] Imré LAKATOS, *op. cit.*, Introduction, VIII.

l'un de ses « mauvais lecteurs » insoucieux de comprendre et de se convaincre de ce que le premier et fondamental attribut de la scientificité est qu'une théorie soit susceptible d'une mise à l'épreuve et fasse même l'objet d'une réfutation rationnelle. Même sa « méta-théorie » des programmes de recherche ne le disculpe guère d'une telle attitude quasiment inféconde de la critique.

En réalité, ce qu'exige Imré Lakatos du programme de recherche de son inspirateur, c'est, paradoxalement, un « plus de rationalité » qui, au fond, n'en est que l'ombre de la ruse de la raison devant le conduire inéluctablement à l'hypothèse d'un « savoir absolu ». Un désir de toujours-plus-de rationalité, du reste jamais atteint, caractéristique de son intention de produire une histoire des sciences qui soit non un récit hasardeux des circonstances, mais une reconstruction rationnelle de la croissance de la science et de la connaissance procédant de ses différents programmes de recherche. C'est, alors, que se découvre l'ultime tendance de Lakatos vers le programme central du Cercle de Vienne plutôt que son pur « attachement » à Popper. Puisque, dès 1928, Rudolf Carnap formulait la notion de « reconstruction rationnelle » comme une idée régulatrice devant servir pour décrire les étapes d'un processus d'inférence qui fonde la compréhension sans que cette description n'obéisse à un quelconque souci de réalisme psychologique. Carnap rappelait, sous ce coup, l'opiniâtreté méthodologique de Ludwig Friedrich Gottlob Frege (pour les fondements logiques des mathématiques) ou celle d'Edmund Husserl (pour les fondements philosophiques de la pensée) dont la dynamique fonctionnelle exigeait d'écarter toute forme de psychologisme et d'intuitionnisme.

En revanche, Popper s'étonnait de ce qu'il existait une méthode logique pour avoir des idées neuves ou une reconstruction logique d'un tel processus. Les faire exister, c'est bien adhérer (naïvement !) à l'hypothèse de reconstruction de l'histoire que prône Lakatos, en la conduisant de son état « imparfaitement rationnel » à son ultime état « pleinement rationnel », lorsque les hommes seront devenus des êtres « pleinement rationnels ».

Dans ce processus de refondation de l'histoire rationnelle de Lakatos, « rationnel » exclut « irrationnel » dans l'être de la « rationalité ». Rationnel seul reste prédicable à la science qui elle seule l'accroît dans l'univers restrictivement tridimensionnel. C'est donc un édifice de rationalité qui s'interdit toute possibilité de présupposé métaphysique, fût-ce alors même le « noyau dur » de l'auteur ! C'est ici l'exact opposé de la rationalité critique de Karl Popper qui se donne pour entités constituantes de la rationalité : le «rationnel », l'« ir-rationnel » et l'« a-rationnel », dans une relation conjonctive qui gouverne le corps de la science. Si donc le rationnel consacre l'effectivité de l'acte de la raison, l'a-rationnel exprime l'en deçà d'un tel acte, et l'ir-rationnel va au-delà de celui-ci.

Il est certes entendu que, autant Lakatos exige un « plus de rationalité », autant il se méfie de la construction exclusivement logique voulue comme un idéal de perfection par les formalistes. Mais, sa méta-théorie de reconstruction rationnelle ne l'élève pas davantage du degré de *saisissabilité* du Cercle de Vienne. Son type d'homme de science reconstruit rationnellement est à concevoir dans le hiatus entre l'homme qui produit des « théories individuelles » et celui qui produit des « programmes de recherche ».

De cette longue controverse entre l'auteur des *Preuves et Réfutations* (Imré Lakatos) et l'auteur des *Conjectures et Réfutations* (Karl Raimund Popper), l'on retiendra le fameux reproche que Lakatos fait à Popper de s'être arrêté à mi-chemin dans la considération de la « théorie ». Imré Lakatos estime que Popper ne s'intéresse guère qu'à la « théorie isolée » et jamais à la « série de théories ». Ce qui ne le préoccupait certainement pas assez pour l'inscrire à son double programme de philosophie des sciences et de « philosophie politique » non-avouée. L'application réductive de la méthode de la falsification critique à la politique a donc fait manquer à Popper « l'universalisation » de l'homme et l'uniformisation de l'humanité. En science, le programme poppérien qui bascule la pensée de la méthodologie à la métaphysique procédurale fait perdre de vue à l'auteur l'arrière-plan du problème, qui peut être un ensemble de mécanismes ou de techniques de formation et de tentatives de résolution des problèmes. C'est le « *noyau dur* » pour Imré Lakatos, le « *paradigme* » pour Thomas Samuel Kuhn ou même les « *themata* » pour Holton. La nature de cet arrière-plan que constituent essentiellement les théories ou mêmes les mythes est fondamentalement métaphysique. Pour Imré Lakatos, Popper entoure son arrière-plan d'un « *glacis protecteur* », en tant qu'ensemble d'hypothèses-problèmes à résoudre...J'ai convenablement cette critique en partage.

En effet, ce glacis protecteur qui est fait de « P » et « T » par « EE » interposée n'est, en définitive, que l'« *iceberg* » du fondement et de l'au-delà de la structure problématique. L'importance de la structure problématique ne tient-elle pas de ses conditions de possibilité d'être et de devenir quand on aura essayé de la résoudre ? Je suggère alors d'inverser et d'élargir les pôles entre l'arrière-plan du problème et la situation problématique considérée.

En revanche, l'on peut reprocher à Lakatos le caractère préjudiciel de son falsificationnisme sophistiqué qui, dans le champ poppérien devrait courir (ou faire courir) le risque de faire acquérir l'« infaillibilité » aux théories testées et réfutées. Une telle situation serait, à n'en point douter, une contradiction, l'essence de la scientificité d'une théorie se dévoilant dans l'état faillible de l'esprit humain constructeur.

Edgar Morin prend Popper à partie, quand il soupçonne que, même dans l'optique poppérienne il subsiste l'idée que la logique déductive conservait la valeur décisive de preuve en constituant un fondement irrécusable de la vérité. Pourtant un tel socle est lui-même voué à l'insuffisance méthodologique[194]. Soit ! Cela est évident du fait que le vérificationnisme et ses mécanismes de preuve démonstrative (l'induction notamment) ne sauraient fonctionner efficacement dans la logique argumentative de Popper. Cet argument rejoindrait bien ce qui a déjà été dit du principe de la « relevance déductive » qui construit la vérité comme « *vérisimilitude* » (hypothèse conclusive) dans une relation de conséquence logique avec un

---

[194] Edgar MORIN, *La Méthode III. La Connaissance de la Connaissance,* Paris, Seuil, 1985, 244p.

ensemble d'autres vérités (hypothèses-prémisses), lui interdisant ainsi de prétendre se révéler au-delà du processus gnoséologique. Car, une telle conclusion nécessaire reste inhérente aux premiers ensembles d'hypothèses :

$$H_1, H_2, H_3, \ldots, H_n \models H_{n-1}$$

L'on pourrait ici encore, prendre cette critique en partage et vérifier le fait dans le « paradoxe méthodologique » émergeant de l'application de la méthode logico-critique en politique ; tout autant que dans l'élan hésitatif poppérien de complexifier l'essence du schéma d'évolution fondamentale de la pensée scientifique.

Seulement, ce qu'il y aurait à faire remarquer à Edgar Morin, c'est sa non-prise en compte (à ce niveau-ci d'analyse de la méthodologie poppérienne) du caractère empirico-inductif critique de la pensée de l'Autrichien. Popper ne cessait de répéter, en effet, qu'il est aussi bien « empiriste » que « rationaliste », mais, d'un type « critique ».

C'est pourquoi, toute proportion gardée, je me suis permis la tentative de réécriture suivante de la formule de Popper, qu'amorçait déjà Charles Zacharie Bowao quand il estimait l'ouvrir et la refermer par des suspensions assez significatives, en indiquant l'ancienne et la nouvelle situations problématiques[195].

$$\ldots P_1 \rightarrow TT \rightarrow EE \rightarrow P_2 \ldots$$

Seulement, à ce niveau de complexification, il n'est pas sûr qu'on résolve efficacement l'élan d'hésitations méthodologiques de Popper. A cet effet, je trouve opportun et judicieux de conforter et d'étendre la critique qu'en circonscrit le philosophe-logicien congolais. A ce compte, je suggère l'une ou l'autre de la double méta-écriture suivante, en élargissant le contenu informatif de la conjecture :

[195] Charles Zacharie BOWAO, « De l'argumentation logique : une quête de fondements », *Autour de la méthode. De Descartes à Feyerabend*, Collection « Epistémè », Dakar, PUD, 1995, pp.100-143.

$\ldots P_1 \rightarrow TT \rightarrow EE \rightarrow P_2 \rightarrow \ldots \rightarrow P_{n-1}$

Ou

$\ldots P_0 \rightarrow P_1 \rightarrow TT \rightarrow EE \rightarrow P_2 \rightarrow \ldots \rightarrow P_n$

Ceci signifie qu'à partir des conditions d'une *problématicité* scientifique quelconque, nous créons des théories et nous les critiquons. Nous créons de nouvelles théories consécutives à de nouvelles *problématicités* de la science, de méta-nouvelles théories corollaires à de méta-nouveaux problèmes, en application de la loi du « *trial and error* »... C'est bien cela qui, somme toute, rend possible la science qui, de même que pour Gaston Bachelard ou Alexandre Koyré, par exemple, naît dans et par le problème et y finit historiquement son cours. Popper confère pour vocation au savant, comme à tout homme ou tout organisme vivant, l'activité de solution des problèmes. C'est un réel mouvement de transition cognitive dont le pôle primitif s'avère être ce que l'on appellerait « *l'art d'infaillibilité* », et le pôle *processuellement* terminal et fonctionnant comme exigence éthique, « *l'art de la faillibilité argumentative* », qui consacre le phénomène de la « *docte ignorance* ».

« P_{n-1} », pour dire effectivement la « *découverture* » de la vérité, comme conçue par Leibniz pour qui « la vérité existe déjà quelque part ». Et, l'homme va y tendre sans pour autant jamais n'y parvenir que *conjecturellement*. Elle est, en fait, inhérente et sous-jacente aux problèmes et théories posés et élaborées. La vérité n'est pas au-delà. C'est aussi pourquoi Popper croit en la capacité qu'a l'homme de découvrir. C'est ici toute la signification du comment obtenir une hypothèse qui est elle-même comprise dans les hypothèses, à partir d'un ensemble fini d'hypothèses quoique s'ouvrant par une infinité de postulats qu'on appellera « théories » (pré-scientifiques) ou même « mythes ».

L'entité « P_{n-1} » signifie donc le fait que la vérité n'est pas et ne saurait être au-delà de « EE » interférant avec ou entre « P » et « T ». Elle y est déjà implicitement contenue en tant que « intention », et n'attendra que d'être dévoilée à l'arrivée.

Les points de suspension servent à dire l'imbrication mutuelle entre le rationnel et l'ir-rationnel dans le processus de la connaissance, comme deux modules d'une seule et même entité. C'est l'ère de l'ir-rationnel, du métaphysique, du méta-logique, de l'évènementiel, etc., où le rationnel n'a de sens qu'à la périphérie de l'ir-rationnel, le métaphysique siégeant au cœur de la science (physique), le méta-logique devenant partie intégrante du logique, l'événementiel contribuant décisivement au déroulement de l'historique, ainsi de suite.

En conséquence, il est clair que l'édifice de la connaissance scientifique est ouvert aussi bien par le haut que par le bas, exprimant son contenu comme expression de ce qui est implicitement compris dans ses protocoles informatifs. Le caractère ontologique « dur » de la vérité cède le flanc à l'analyticité de celle-ci, de manière que toute tentative de théorisation (TT) ne soit qu'une conclusion supposée (CS) qui, alors, se renouvelle autant de temps que dure la sélection performative de la théorie scientifique. Il y aura ainsi en présence une situation hypothèque du genre :

$P_1 \rightarrow TT$ …pour traduire l'adéquation méta-linguistique : $H_1 \models CS_1$.

$TT \rightarrow EE$ …pour dire l'état inachevé de la connaissance dans ses différentes applications.

$EE \rightarrow P_2$ …pour traduire la nécessité d'une nouvelle hypothèse menant à une nouvelle théorisation $H_2 \models CS_2$.

$P_2 \rightarrow P_n$ …pour dire l'inachèvement de la problématicité.

Or, et à tout bien prendre, la compréhension de cette situation hypothétique laisse entendre « $TT \rightarrow EE$ » tel un « *opérateur* » qui, soumis à toute situation problématique, conduit nécessairement à une nouvelle situation problématique, à n'importe quel autre problème intermédiaire « Pi » jusqu'à un $n^{ème}$ problème « P_n ». C'est un opérateur qui comporte à la fois la théorie éventuellement construite et le test de l'éliminabilité ($TT \rightarrow EE$). « Pi » sera ainsi un problème intermédiaire et qui n'est pas la fin ; et « P_n » un problème qu'on ne connaît pas encore mais qui est à la fin du processus déterminé ou délimité.

Par respect pour la vérité, et pour le reconnaître à Popper, j'appellerais cet opérateur du nom de « *opérateur poppérien* », et le symboliserais toutefois par « Ĉ » (*C chapeau*) et le substituerais à l'entité « TT→EE » dans toutes ses occurrences.

Alors, la formule sera élargie ainsi qu'il suit :

$$\ldots P_1 \rightarrow TT \rightarrow EE \rightarrow P_2 \rightarrow \ldots \rightarrow P_{n-1}$$

ou

$$\ldots P_0 \rightarrow P_1 \rightarrow TT \rightarrow EE \rightarrow P_2 \rightarrow \ldots \rightarrow P_n$$

pour s'écrire en définitive telle que :

$$P_1 \xrightarrow{\hat{C}} P_2 \xrightarrow{\hat{C}} Pi \xrightarrow{\hat{C}} P_n$$

Conclusion

Je n'insinue pas avoir « atteint » ce qui ferait que je prétende être allé « au-delà » de la pensée de Karl Raimund Popper. Cela va sans dire : je suis « à l'école méthodologique » de Popper, à l'école du « *trial and error* » dont les principes régulateurs sont et demeurent, *mutatis mutandis*, la réfutabilité argumentative et l'éliminabilité aux confins du problème et de la théorie. Je dis bien « aux confins » du problème et de la théorie. Puisque, ainsi que le relève Daniel Pimbé, Popper lui-même est hésitant entre ces deux sources possibles d'émergence, ces deux foyers possibles de primauté, « *les deux prétendants au commencement* », le problème et la théorie, la science relevant de la jonction épistémique entre les données sensorielles et l'acte de la raison, pour produire des théories à appliquer au monde afin d'en extirper les informations nécessaires et pour critiquer les théories produites qui servent de « filets » pour capturer les poissons du fleuve-monde que sont les multiples phénomènes de la réalité. Je pense ici à Popper lui-même sur la problématique de la « connaissance humaine », lorsqu'il rassure que : « *Le phénomène de la connaissance humaine est incontestablement le plus grand miracle de notre univers. Le problème qu'il constitue ne sera pas résolu de sitôt, et je suis loin de penser que le présent volume apporte à sa solution ne serait-ce qu'une minime contribution. Mais j'ai espoir d'avoir aidé à relancer un débat qui, depuis trois siècles, s'est enlisé dans les préliminaires* »[196].

Je sais pertinemment que le phénomène de « la critique » de l'épistémologie poppérienne est déjà allé considérablement au-delà des « préliminaires ». Voilà pourquoi moi qui me « cherche » encore n'ai pas du tout la prétention d'être parvenu à une « *contribution* » quelle qu'elle fût. Je constate seulement que « deux questions épistémo-logiques » peuvent certainement être posées à cette épistémologie poppérienne : la question du

[196] Karl Raimund POPPER, *La Connaissance Objective*, Préface du 24 juillet 1971, p. 27.

« paradoxe méthodologique » et la question de « l'exigence d'élargissement » de la formule de la croissance du savoir scientifique. Ai-je su les poser ? Ai-je pu y répondre ? Je ne le sais.

Toutefois, ce qui peut être vraisemblable, c'est que, jugeant sa position épistémique optimale d'extension de la méthode scientifique au traitement des faits sociaux, Popper pense pouvoir décider et trancher sur le fait que la société occidentale est la meilleure possible des sociétés humaines. Il met alors en œuvre l'argument du « mieux vivre » et « mieux résoudre », en Occident, les problèmes qui se posent à l'homme. En contraposant ainsi l'argument contraire, il commet, ce me semble, une erreur qui met à mal l'ensemble de sa démarche.

Cependant, je demeure convaincu que la remarquable richesse conceptuelle de son épistémologie compense ses possibles obstacles méthodologiques. C'est pourquoi je m'efforce ici à supposer comment Popper aurait pu éviter ceux-ci, après avoir montré de quelle manière l'application socio-politique de sa méthode génère le « paradoxe méthodologique » et, par récurrence, les nombreuses hésitations à « élargir la formule » de la croissance du savoir scientifique.

Au-delà, je demeure persuadé que la théorie poppérienne de la *discussion rationnelle* est une *figure* de la *Logique des « dialogues intelligents »*, au milieu de la diversité des Logiques aux raisonnements non-monotoniques qui se déploient au cœur même de l'« Intelligence Artificielle ». C'est, on ne peut mieux, la perspective d'une recherche future au travers de laquelle je voudrais montrer le passage, que la Logique pourrait qualifier de discret, de Karl Raimund Popper à Henry Prakken, c'est-à-dire de l'intention de rechercher la vérité, en apprenant *socratiquement* de l'interlocuteur en vue de mettre à jour mes informations et donc mes croyances, au pragmatisme d'instanciation des arguments inférentiels dans la conversation, à la fois par la construction des inférences par défaut du fait du manque de connaissances nécessaires et suffisantes pour les réfuter, et par le retraçage d'inférences si tant est que l'on acquiert de nouvelles connaissances contradictoires.

Bibliographie

ANTISERI (Dario), (2004), *La Vienne de Popper. L'individualisme méthodologique autrichien*, traduction par Nathalie Janson et Alban Bouvier, Collection « Philosopher en sciences sociales », Paris, PUF, 141 p.

AXELOS (Kostas), (1977), *Contribution à la logique*, Paris, Editions de Minuit.

BACHELARD (Gaston), (1934), *Le Nouvel esprit scientifique*, Paris, Félix Alcan ; PUF, 1973 ; Quadrige/PUF, 1991, 183 p.

BACHELARD (Gaston), (1938), *La Formation de l'esprit scientifique. Contribution à une psychanalyse de la connaissance objective*, Paris, Vrin, 256 p. ; rééd. Vrin, 1977, 257 p.

BACHELARD (Gaston), (1940), *La Philosophie du non : Essai d'une philosophie du nouvel esprit scientifique*, Paris, PUF ; 1970, PUF, Collection « Bibliothèque de Philosophie contemporaine », 145 p.

BENOIST (Jocelyn), (2003), « Propriété et détermination : sémantique et ontologie chez Bernard Bolzano », in *Revue Philosophiques*, Vol. 30 n° 1, pp. 137-148.

BLACQUARD (Jean-Luc) et LECUIT (Jean-Baptiste), (sous la direction de), (2010), *Repenser l'humain. La fin des évidences*, Paris, L'Harmattan, 176 p.

BOLZANO (Bernard), (1837), *Wissenschaftslehre*, Sulzbach, Vol. 1, 4, Nabu Press's Photocopy Edition, (2010), 582 p.

BONDARENKO (A.), DUNG (P. M.), KOWALSKI (R. A.) & TONI (F.), (1997), "An abstract argumentation-theoretic approach to default reasoning", in *Artificial Intelligence* 93, pp. 63-101.

BOUVERESSE (Renée), (1978), *Karl Popper ou le rationalisme critique*, Paris, Vrin, 1ère édition ; 1998, 199 p.

BOUVERESSE (Renée) (sous la dir.), (1981), *Karl Popper et la science d'aujourd'hui*, Actes du *Colloque de Cerisy-la-Salle, du 1er au 11 juillet 1981*, Paris, Aubier, 1989, 489 p.

BOUVERESSE (Renée), et BARREAU (Hervé), (1991), (sous la dir. de), *Karl Popper, Science et Philosophie*, Actes du *Colloque de Strasbourg* Paris, Vrin ; rééd. 2000, 363 p.

BOWAO Charles Zacharie, (1995), « De l'argumentation logique : une quête de fondements », in *Autour de la méthode. De Descartes à Feyerabend*, Collection Épistémè, Dakar, PUD, pp. 100-143.

BOWAO Charles Zacharie, (1995-1996). *L'argumentation logique : dédale et pistes*, Thèse de doctorat d'Etat de Philosophie, Dakar, Université Cheikh Anta Diop de Dakar, 411 p.

BOYER (Alain), (1985), « Sur le peu de méthode », in *Cahiers S.T.S.* (*Science-Technologie-Société*), n° 8, sur « Karl Popper, Ed. du CNRS, pp. 129-137.

BOYER (Alain), (1992), *L'explication en histoire*, Lille, Presses Universitaires de Lille, Collection « Opuscule [phi], 284 p.

BOYER (Alain), (1994), *Introduction à la lecture de Karl Popper*, Paris, Presses de l'ENS, 292 p.

BOYER (Alain), (1998), « Normes, rationalité critique et fondation ultime », in *La Rationalité des valeurs*, Actes du Colloque, paris-Sorbonne, octobre 1996, sous la direction de Sylvie Mesure, Paris, PUF, Collection « Sociologies », pp. 59-81.

BOYER (Alain) (sous la dir.), (2007), *Karl Popper : un philosophe dans le siècle*, in *Philosophia Scientiae*, Vol. 11 Cahier 1, Paris, Editions Kimé, 193 p.

BREWKA (G.), (1991), *Nonmonotonic Reasoning: Logical Foundations of Commonsense*, New York, Cambridge University Press.

BRUDNY (Michelle-Irène), *Karl Popper : un philosophe heureux*, Collection « Le collège de Philosophie », Paris, Grasset, 2002, 254 p.

BUNGE (Mario), (1981), *Le matérialisme scientifique*, traduction de Sam Ayache, Pierre Deleporte, Edouard

Guinet, Juan Rodriguez-Carvajal, Paris, Editions Syllepse, 2008, 216 p.

CAHIERS STS (*Sciences-Technologie-Société*) sur « Karl Popper », n° 8, Editions du CNRS, Paris, 1985, 142 p.

CLERBOUT (Nicolas), GORISSE (Marie Hélène) et RAHMAN (Shahid), (2010), *Context-Sensitivity in Jain Philosophy : A Dialogical Study of Siddharsigani's Commentary on the Handbook of Logic*, Springer Science+Business Media BV 2010, pp. 633-662.

DUMONCEL (Jean-Claude), « Popper jusqu'à Pimbé y compris », Mise à jour le 1er juin 2010, [En ligne]. Consulté le 6 août 2012.

ENGELS (Friedrich), (1946), *Ludwig Feuerbach et la fin de la philosophie classique allemande*, Paris, Editions sociales, 55 p.

FABRE (Frédéric), (2005), « Refaire le monde 3: Complément à la théorie des trois mondes », 212 p. [En ligne] http://www.dblogos.net/er/index.php Consulté le 6 août 2012.

FEYERABEND (Paul Karl), (1979), *Contre la méthode. Esquisse d'une théorie anarchiste de la connaissance*, traduction de Jurdant Baudouin, Schlumberger Agnès, Paris, Seuil, Collection « Science ouverte », 350 p.

FREGE (Ludwig Friedrich Gottlob), (1994), *Ecrits logiques et philosophiques*, traduction et introduction de Claude Imbert, Collection « Points Essais », Paris, Seuil, 233 p.

GUEYE Sémou Pathé), (2000), *Faillibilisme épistémologique et réformisme libéral. Popper critique de Marx*, Préface du Professeur Souleymane Bachir Diagne, Dakar, Presses Universitaires de Dakar, 108 p.

KEIF (Laurent) et RAHMAN (Shahid), (2010), « Concepts rhétoriques, raisons topiques », in *Revue de Métaphysique et de Morale*, Editons PUF, pp. 149-178.

KUHN (Thomas Samuel), (19762 ; 1970), *The Structure of Scientific Revolutions*, traduction, 1973, *La Structure des Révolutions Scientifiques*, par Claude Savary, Paris, Flammarion, 285 p. ; traduction de Laure Meyer, 2008, Editions Flammarion, Collection « Champs Sciences », 284 p.

LAKATOS (Imré), (1994), *Histoire et méthodologie des sciences. Programmes de recherche et reconstruction rationnelle*, traduction de l'anglais par Catherine Malamoud et Jean-Fabien Spitz, sous la direction de Luce Giard, Introduction de Luce Giard, PUF, 268 p.

LEIBNIZ (Gottfried Wilhelm), (1764; 1961), *Nouveaux Essais sur l'Entendement Humain*, textes choisis par L. Guillermit, Paris, PUF.

LORENZEN (Paul) et LORENZ (Kuno), (1938; 1978), *Dialogische Logik*, WBG, Darmstadt, Morris, C.W., *Foundations of the Theory of Signs*, Chicago, University of Chicago Press.

MALHERBE (Jean-François), (1976), *La philosophie de Karl Popper et le positivisme logique*, Préface de Jean Ladrière, Paris, PUF, Namur, PUN, Collection « 55 » ; 1979 ; Editions Liber, 2011, 313 p.

MALOLO DISSAKE (Emmanuel), (2004), *Karl Popper. Langage, falsificationnisme et science objective*, Paris, PUF, Collection « Philosophies », 126 p.

MONTAGUE (R.), « Universal grammar », in *Theoria*, 36, pp. 373-398.

MOORE (R.), (1980), « Reasoning about Knowledge and Action », in *Artificial Intelligence Center*, Note 191, SRI International.

MORIN (Edgar), (1985), *La Méthode III, La Connaissance de la Connaissance*, Paris, Seuil, 244 p.

MORIN (Edgar), (1990), *Science avec conscience*, Paris, Le Seuil, Collection « Points Sciences », 322 p.

NGUIMBI (Marcel), (2006), *Karl Raimund Popper et le symbolisme logique*, Thèse de Doctorat unique de Philosophie, Option Logique et Histoire des Sciences, FLSH, UMNG, Brazzaville, 429 p.

NGUIMBI (Marcel), (2011), *La catégorie de l'espace chez Descartes. Pour une épistémologie non classique de la physique*, Paris, L'Harmattan, Collection « Logique, Sciences, Philosophie des sciences », 194 p.

NZINZI (Pierre), (2001), « L'erreur: pédagogue de l'humanité », in *Gabonica*, Libreville ; *Revue Paideia, Proceedings of the XXth World Congress of Philosophy,*

Philosophy of Science, [En ligne], http://www.bu.edu/wcp/Papers/ScieNzin.htm Consulté le 6 août 2012.

NZINZI (Pierre), (2003), « La neutralité des sciences et des technologies en débat. Le cas des NTIC », in Actes du *Colloque « Ethique et nouvelles technologies. L'appropriation des savoirs en question »*, Beyrouth, 25-26 septembre 2001 ; [En ligne] www.lb.refer.org/initiatives. Consulté le 6 août 2012.

OWONA (Kisito), (2007), *Kant et l'Afrique : la problématique de l'universel*, Paris, L'Harmattan, Collection « Ouverture philosophique », 386 p.

PARENT (Xavier), (2002), *Logiques non-monotones et modes d'argumentation*, Thèse de Doctorat de l'Université Aix-Marseille I, 209 p.

PEIRCE (Charles Sanders), (1931-1958), *Collected Papers*, Volumes I-IV, Hartshome, Weis and Burks eds, Harvard University Press.

PIMBE (Daniel), (2009), *L'explication interdite. Essai sur la théorie de la connaissance de Karl Popper*, Paris, L'Harmattan, Collection « Ouverture philosophique », 308 p.

POPPER (Karl Raimund), (1945), *The Open Society and Its Enemies*, Londres, Editeur Routledge ; traduction française, 1979, *La Société ouverte et ses ennemis*, 2 tomes, Paris, Editions du Seuil, 1979, tome 1 : *The Spell of Plato* (*L'ascendant de Platon*), Collection « Philosophie Générale », 256 p. ; tome 2 : *The High Tide of Prophecy* (*Hegel et Marx*), Collection « Philosophie Générale », 254 p.

POPPER (Karl Raimund), (1956), *The Poverty of Historicism*, Londres; traduction française, *Misère de l'historicisme*, par Hervé Rousseau, Paris, Plon, révisée et augmentée par Renée Bouveresse ; réédition, Paris, Agora, 1988, 214 p.

POPPER (Karl Raimund), (1959) *The Logic of Scientific Discovery*, Londres, Hutchinson, édition traduite de l'allemand et augmentée de *Logik der Forschung*, Vienne, Springer, 1934 ; traduction de l'anglais, 1973,

La Logique de la Découverte Scientifique, par Nicole Thyssen-Rutten et Philippe Devaux, Préface de Jacques Monod, Paris, Payot, 480 p.

POPPER (Karl Raimund), (1963), *Conjectures and Refutations*, Londres ; traduction française, 1985, *Conjectures et Réfutations. La croissance du savoir scientifique*, par Michelle-Irène et Marc B. de Launay, Paris, Payot, 1985, 610 p.

POPPER (Karl Raimund), (1963), *Conjectures et Réfutations. La croissance du savoir scientifique*, traduction de l'anglais par Michelle-Irène Brudny et Marc Buhot de Launay, Collection « Bibl. scientifique », Paris, Payot & Rivages, 2006, 610 p.

POPPER (Karl Raimund), (1972), *Objective Knowledge*, Oxford, Oxford University Press ; traduction française, 1991, *La Connaissance Objective. Une approche évolutionniste*, par Jean-Jacques Rosat, Paris, Aubier ; réédition, 1999, Paris, Collection « Champs Flammarion », 578 p.

POPPER (Karl Raimund), (1976), *Unended Quest*, La Salle, Illinois Open Court, réédition de *Intellectual Autobiography* in *The Philosophy of Karl Popper*, II volumes, La Salle, Illinois, P. A. Schilpp ed., 1974 ; traduction française, 1981, *La Quête inachevée*, Paris, Calmann-Lévy, 1981, réédition, Paris, Agora, Presses Pocket, 1989, 350 p.

POPPER (Karl Raimund), (1930-1933) ; (1979), *Die beiden Grundprobleme der Erkenntnistheorie* (1932, 1ère édition, Tübingen, Mohr und Siebeck) ; traduction française, 1999, *Les deux problèmes fondamentaux de la théorie de la connaissance*, par Christian Bonnet, Paris, Hermann, 1999, 468 p.

POPPER (Karl Raimund), (1981a) *The Open Universe*, Londres, Hutchinson; traduction française, 1984, *L'Univers irrésolu. Plaidoyer pour l'indéterminisme*, par Renée Bouveresse, édition établie et annotée par W.W. Bartley III, Paris, Hermann, 159 p.

POPPER (Karl Raimund), (1981b), *Quantum Theory and the Schism in Physics. From the Postscriptum to The Logic of Scientific Discovery*, Londres, Hutchinson, éditeur Routledge, new edition 1989, sous la direction de William Warren Bartley III, 256 p. ; traduction française, 1996, et présentation par Emmanuel Malolo Dissakè, *La théorie quantique et le schisme en physique*, Avant propos de William Warren Bartley III, Paris, Hermann, 227 p.

POPPER (Karl Raimund), (1982), *Realism and the Aim of Science*, Londres, Hutchinson ; traduction française, 1992, *Le Réalisme et la Science. Post-scriptum à La Logique de la Découverte Scientifique I*, par Alain Boyer et Daniel Andler, édition annotée par W.W. Bartley III, Paris, Hermann, 427 p.

POPPER (Karl Raimund), (1983), *L'avenir est ouvert. Entretien d'Altenberg*, Textes du Symposium Popper à Vienne, traduit de l'allemand par Jeanne Etoré, Paris, Flammarion, 1990, 175 p.

POPPER (Karl Raimund), (1985), « Pour une théorie rationaliste de la tradition », in *Cahiers S.T.S.*, n° 8, Editions du CNRS, Paris, pp. 9-27.

POPPER (Karl Raimund), (1990), *A World of Propensities*, Thoemmes Press, Bristol ; traduction française, 1992, *Un univers de propensions. Deux études sur la causalité et l'évolution*, par Alain Boyer, Combas, Editions de l'Eclat-30250, Combas, 79 p.

POPPER (Karl Raimund), (1992), *In Search of a better World*, Londres ; traduction française, 2000, *A la recherche d'un monde meilleur. Essais et Conférences*, par Jean-Luc Evard, Préface de Jean Bauduin, Le Rocher, Collection « Anatolia », 359 p.

POPPER (Karl Raimund), (1993), *La Leçon de ce siècle. Entretien avec Giancarlo Bosetti, Jacqueline Henry, Claude Orsoni* [Suivi de deux essais de Karl Popper sur la liberté et l'Etat démocratique], traduction par Jacqueline Henry et Claude Orsoni, Editeur Anatolia, 146 p.

POPPER (Karl Raimund), (1997), *Toute vie est résolution de problèmes*, traduction par Claude Duvernet, Arles, Actes Sud, Collection « Le génie du philosophe » : Tome 1,

Réflexions sur la science, 1997 ; Tome 2, *Réflexions sur l'histoire, la politique et l'éthique*, 1998, 225 p.

POPPER (Karl Raimund), PETERSEN (Arne Friennith), MEYER (Jörgen), (1998), *The World of Parmenides. Essays on the Presocratic Enlightenment*, Londres, Routledge ed., 352 p.

PRAKKEN (Henry) et VREESWIJK (Gerard), (2002), "Logics for defeasible argumentation", in D. Gabbay et F. Guenthner (eds), *Handbook of Philosophical Logic*, 2è edition, Volume 4, Dordrecht, Kluwer Academic Publishers, pp. 219-318.

RADNITZKI (Gérard), (1987), *Entre Wittgenstein et Popper, 1974-1987. Détours vers la découverte : le vrai, le faux, l'hypothèse*, Paris, Vrin, 277 p.

RAHMAN (Shahid) et KEIF (Laurent), (2005), « On how to be a dialogician », in *Logic, Thought and Action*, D. Vanderveken (ed.), Dordrecht, Springer Verlag, pp. 359-409.

REDMOND (Juan), *Logique Dynamique de la Fiction. Pour une approche dialogique*, Préface de John Woods, *Cahiers de Logique et d'Epistémologie*, Volume 9, 2010, King's College Publications, London WC2R 2LS, UK, 417 p. http://www.collegepublications.co.uk

REITER (Raymond), (1980), "A Logic for default reasoning", in *Artificial Intelligence*, Volume 13, pp. 81-132.

RUSSELL (Bertrand William Arthur), "On Denoting", (1905), rééd. *Logic and Knowledge*, R. C. March ed., 1956, pp. 39-56; traduction française par J.-M. Roy in *Ecrits de Logique philosophique*, 1989, pp. 203-218.

RUSSELL (Bertrand William Arthur), "Mathematical Logic as Based on the Theory of Types", (1908), rééd. *Logic and Knowledge*, R. C. March ed., 1956, pp. 57-102; traduction française par François Rivenc, *Logique et fondements des mathématiques*, Rivenc & de Rouilhan, éds. Paris, Payot, 1992, pp. 309-334.

RUSSELL (Bertrand William Arthur), « La philosophie de l'atomisme logique », (1919) ; traduction française par J.-M. Roy in *Ecrits de Logique philosophique*, 1989, pp. 335-442.

SEARLE (J.), (1975), « Indirect Speech Acts », in *Syntax and Semantics*, Volume 3: Speech Acts, P. Cole et J. Norgan (ed.), Academic Press.

SEARLE (J.) et PRAKKEN (Henry), (1985), *Foundations of illocutionary logic*, Cambridge University Press.

SIMARI (G. R.) & LOUI (R. P.), (1992), "A mathematical treatment of defeasible argumentation and its implementation", in *Artificial Intelligence* 53, pp. 125-157.

SOUSA SILVESTRE (Ricardo), (2005), *Introduction and Plausibility : A Formal Approach from the Standpoint of Artificial Intelligence*, PhD. Dissertation, University of Montreal, Montreal.

SOUSA SILVESTRE (Ricardo), (2010), « Sur l'aspect inférentiel de la logique des dialogues intelligents », *Dissertatio*, UFPel, 30, pp.249-268.

THUREAU-DANGIN Philippe, (1991), « Karl Popper, le dernier rationaliste », in *Dynasteurs*, pp. 85-87.

VANDERVEKEN (D.), (1999), « La structure logique des dialogues intelligents », in B. Moulin et als (ed.), *Analyse et Simulation des Conversations*, L'Interdisciplinaire.

VERDAN (André), (1991), *Karl Popper ou la connaissance sans certitude*, Lausanne, Presses Polytechniques et Universitaires Romandes, Collection « Réflexions sur les sciences et les techniques », 145 p.

WALTON (D. N.) et KRABBE (E.C.W.), (1995), *Commitment in Dialogue*, State University of New York Press.

ZAHAR (Elie), (1989), « La controverse Lakatos-Popper », in *Karl Popper et la science d'aujourd'hui*, Actes du Colloque de Cerisy-la-Salle organisé par Renée Bouveresse du 1er au 11 juillet 1981, Paris, Aubier, pp. 173-198.

ZAHAR (Elie), (1990), « Base empirique et corroboration », in *Les Cahiers du CREA*, n° 14, Alain Boyer éd., pp. 35-57.

ZAHAR (Elie), (1995), « Contenu empirique et axiomatisation naturelle », in *Les Cahiers du CREA*, n° 15, Alain Boyer éd., pp. 271-291.

ZAHAR (Elie), (2000), *Essai d'épistémologie réaliste*, Avant propos d'Alain Boyer, Paris, Librairie J. Vrin, 189 p.

ZAHAR (Elie), (2007), « Métaphysique et induction », in *Karl Popper : un philosophe dans le siècle !*, *Philosophia Scientiae*, Volume 11 Cahier 1, sous la direction de Alain Boyer, Paris, Editions Kimé, pp. 45-69.

Annexes

Annexe 1

Programme de travail sur l' « Intelligence Artificielle » au sein du Laboratoire STL-CNRS de l'UMR 8163, Axe Logique et Argumentation, à l'Université de Lille 3 Charles-de-Gaulle, sous la tutelle du Professeur Dr. Shahid Rahman

Bien que la réflexion portant sur la différence entre raisonnement déductif (monotone) et inductif (non-monotone) fasse partie d'une ancienne tradition philosophique, l'étude formelle du raisonnement non-monotonique a été principalement développée dans le champ de l'Intelligence Artificielle (I.A.). D'ailleurs, le raisonnement non-monotonique constitue le cœur des recherches sur les systèmes de Programmation.

Un des principaux buts de notre Projet est d'approfondir le lien entre l'I.A. et l'Epistémologie, en commençant par une étude critique de l'Epistémologie existante, notamment chez John Pollock. Plus précisément, nous visons d'étudier la forme dialectique du raisonnement non-monotonique combiné à l'approche dialogique, telle que développée par Prakken, Sartor, Vreeswijk et Lodder.

Ainsi, notre Programme de travail se structure en deux parties principales :

I. ***Une étude détaillée de la forme dialectique du raisonnement non-monotonique tel qu'utilisé en Intelligence Artificielle*** *en comparant les principaux programmes concurrents, notamment l'approche des multi-assignations de Pollock, la Logique des Défauts de Reiter et Nute et l'approche argumentative de Bondarenko, Dung, Kowalski et Toni.*

I.1- Logique non-monotonique telle que développée en Intelligence Artificielle :
1ère semaine : Aperçu général et pertinence philosophique

I.2- 2è et 3è semaine : Systèmes d'Argumentation défaisable. Cadre conceptuel.
I.3- 4è semaine : Aspects généraux de la sémantique fondée sur l'argumentation.
I.4- 5è et 6è semaine : Vers une combinaison des modèles d'argumentation en I.A. avec la Logique Dialogique. Etude de quelques modélisations des modèles concrets de Droit européen et ceux de Droit africain.

II. ***Explorer plus profondément l'approche dialogique du raisonnement non-monotonique*** *dans le contexte de la réflexion épistémologique sur le rôle de l'Intelligence Artificielle dans les sciences.*

II.1- 7è semaine : Dialogues et Modèles d'I.A. de premier ordre
II.2- 8è, 9è et 10è semaine : Sémantique du raisonnement non-monotonique et Grammaire type-théorétique. Approfondissement de l'étude des cas décrits en première partie.
II.3- 11è semaine : Programmation fonctionnelle, Sémantique des preuves et Approches épistémiques.

Références bibliographiques

1. A. Bondarenko, P. M. Dung, R. A. Kowalski & F. Toni, An abstract argumentation-theoretic approach to default reasoning. *Artificial Intelligence* 93:63-101, 1997.
2. P. M. Dung, An argumentation semantics for logic programming with explicit negation. *Proceedings of the Tenth Logic Programming Conference*, 616-630. Cambridge, MA: MIT Press, 1993.
3. P. M. Dung, On the acceptability of arguments and its fundamental role in nonmonotonic reasoning, logic programming, and *n*-person games. *Artificial Intelligence* 77:321-357, 1995.
4. A. R. Lodder, *DiaLaw. On Legal Justification and Dialog Games.* To appear in Kluwer's Law and Philosophy Library, 1999.

5. D. N. Nute, Defeasible logic. In *Handbook of Logic in Artificial Intelligence and Logic Programming, Vol. 3, Nonmonotonic Reasoning and Uncertain Reasoning,* eds. D.M. Gabbay, C.J. Hogger & J.A. Robinson, 355-395. Oxford: Oxford University Press, 1994.
6. D. N. Nute & K. Erk, Defeasible logic. Report AI Center, University of Georgia, Athens, GA, 1995.
7. J. L. Pollock, The Structure of Epistemic Justification. *American Philosophical Quarterly*, monograph series, Vol. 4, 62-78, 1970.
8. J. L. Pollock, A theory of defeasible reasoning. *International Journal of Intelligent Systems* 6:33-54, 1991.
9. J. L. Pollock, How to reason defeasibly. *Artificial Intelligence* 57:1-42, 1992.
10. H. Prakken & G. Sartor, A dialectical model of assessing conflicting arguments in legal reasoning. *Artificial Intelligence and Law* 4:331-368, 1996. Reprinted in 1997.
11. H. Prakken & G. Sartor, *Logical Models of Legal Argument.* Dordrecht etc.: Kluwer Academic Publishers, 1997. (reprint of . *Artificial Intelligence and Law* 4, 1996).
12. H. Prakken & G. Sartor, Argument-based extend logic programming with defeasible priorities. *Journal of Applied Non-classical Logics* 7: 25-75, 1997.
13. R. Reiter, A logic for default reasoning. *Artificial Intelligence* 13:81-132, 1980.
14. G. Sartor, A formal model of legal argumentation. *Ratio Juris* 7:212-226, 1994.
15. G. A. W. Vreeswijk & H. Prakken, Credulous and sceptical argument games for preferred semantics. In *Proceedings of the 7th European Workshop on Logic for Artificial Intelligence (JELIA, 2000),* Springer Lecture Notes in AI 1919, 239-253, Berlin: Springer Verlag, 2000.

Annexe 2

TABLEAU DE SYMETRIE

ARGUMENTATION LOGIQUE	DISCUSSION RATIONNELLE CHEZ POPPER	LOGIQUE DIALOGIQUE	LOGIQUE DES DIALOGUES INTELLIGENTS
CADRE THEORIQUE	Structure d'argumentation dialogique du raisonnement ; conditions de vérité, de persuasion ou de conviction dans le dialogue qui s'appuie sur la nature de la situation initiale	Structure du dialogue en un jeu de conflit d'idées entre un proposant et un opposant : logique du dialogue ou sémantique des jeux, au sens d'une suite non-vide de coups (*moves*)	Structure de mécanisation non-monotonique du raisonnement ; de compréhension et de non-littéralisation du langage humain dans le dialogue fondé sur la nature du but poursuivi
PRINCIPE	La réfutabilité argumentative sur fond de la faillibilité de l'esprit humain : critique et autocritique; un sens d'humilité approfondi ; des stratégies de persuasion et/ou de conviction dans la disposition du *give and take*	Observance des règles de signification des connecteurs logiques (ou particules) : les règles de particules et les règles structurelles, dans le « duel » entre un proposant (qui argumente) et un opposant (qui contre-argumente)	Compréhension du langage fondée sur la non-monotonie des raisonnements par prototypes, des raisonnements faits au moyen des règles avec exception
FONCTIONNEMENT	Débat critique d'idées entre des interlocuteurs (au moins deux *Aufklärers*), des sujets dialogiques « A » et « B » autour d'une situation quelconque, agissant et	Le dialogue comme un ensemble ordonné de pairs [A, a] avec « A » : un acte illocutoire et « a » l'agent accomplissant un tel acte	Le dialogue comme un ensemble de raisonnements non-monotoniques, incertains, inhérents à la logique du sens commun, avec des inférences par

	décidant librement d'esprit		défaut, des hypothèses par défaut dans des raisonnements par défaut
POINT D'ANCRAGE	Rechercher la vérité; apprendre socratiquement de l'interlocuteur en vue de mettre à jour mes informations (mes croyances) : la discussion sera fructueuse si et seulement si les *Aufklärers* font évoluer leurs points de vue antagonistes en se ralliant au point de vue de l'interlocuteur ; à l'inverse, elle est infructueuse	Rechercher la validité ou la vérité (selon les cas), dans la compréhension des actes illocutoires ; rechercher succès des actes de langage : la thèse énoncée est valide (ou gagnante) si et seulement si le proposant arrive à la défendre contre toutes les contre-thèses de l'opposant	Instancier les arguments inférentiels dans la conversation, d'une part par la construction des inférences par défaut du fait du manque de connaissances nécessaires et suffisantes pour les réfuter, et d'autre part en retraçant nos inférences si nous acquérons de nouvelles connaissances contradictoires

Table des matières

Philosophie aux éditions L'Harmattan

DIDEROT
Raison, Philosophie et Dialectique
Suivi du Neveu de Rameau
D'hondt Jacques - Texte établi et présenté par E.Puisais et P.Quintili
2013 sera l'année du grand tricentenaire de la naissance de Denis Diderot. Ce livre est l'œuvre d'un philosophe éminent qui se confronte à des problèmes actuels. Le Diderot de d'Hondt est un penseur dialectique. Et pour savoir ce qu'est la dialectique, chez Diderot et en général, c'est à travers la loupe de Hegel et de Marx qu'il tentera de nous la présenter, dans une image originale de l'auteur de l'*Encyclopédie.*
(33.00 euros, 326 p.) *ISBN : 978-2-296-96402-0*

MÉTHODE ET PHILOSOPHIE
La descendance éducative de l'*Émile*
Études coordonnées par Michel Soëtard
Plusieurs spécialistes présentent ici une analyse de l'*Émile* de Rousseau par les regards croisés de Condorcet, Kant, Pestalozzi, Fichte, Herbart, Dilthey, Dewey et Freinet, penseurs et acteurs pédagogiques inscrits dans la postérité éducative de cette œuvre. Il se pourrait toutefois que l'*Emile*, avec le nœud de questions qu'il tisse, soit encore devant nous.
(Coll. Education et philosophie, 20.00 euros, 202 p.) *ISBN : 978-2-296-99332-7*

CONVERSION ET SOUVERAIN BIEN CHEZ BLAISE PASCAL
Bischoff Jean-Louis
Montrer que le rapport de la conversion au Souverain Bien chez Pascal nous invite à ausculter philosophiquement la notion d'émotion : c'est ce que Jean-Louis Bischoff entend montrer dans la présente étude. L'enjeu de son enquête est clair : il entend affoler et subvertir l'approche commune du mot « émotion ». Pour mener à bien son projet, l'auteur mobilise les lumières de philosophes comme Marion, Levinas, Ricoeur, Greisch ou Romano.
(Coll. Ouverture Philosophique, 20.00 euros, 204 p.) *ISBN : 978-2-296-99327-3*

DE LA NON-PHILOSOPHIE AUX NON-POLITIQUES
Nietzsche, Freud, Laruelle
Chien-Chang Lee
L'histoire de la philosophie occidentale est une tentation toujours renouvelée de «penser la politique depuis la non-politique». On peut indiquer qu'au moins, dans la modernité, les théoriciens du contrat social inventent déjà une idée révolutionnaire de l'»état de nature» qui est une notion non politique par

excellence. Si nous admettons qu'il y a quelque chose de non politique, il y a au moins trois possibilités de penser la non-politique : «la philosophie de l'avenir» de Nietzsche, la «psychanalyse» de Freud et la «non-philosophie» de Laruelle.
(Coll. Nous, les sans-philosophie, 25.50 euros, 260 p.) ISBN : 978-2-296-99194-1

EMMANUEL LEVINAS, LA PHILOSOPHIE DE L'ALTÉRITÉ
Nanga-Essomba Jean-Thierry
Préface de Lucien Ayissi
À partir de l'analyse de la problématique levinassienne de la responsabilité de soi à l'égard d'Autrui, l'auteur s'attache, dans le cadre de cette réflexion, à examiner la pertinence théorique et la fécondité conceptuelle de la pensée d'Emmanuel Levinas dont le souci majeur est de conjurer la barbarie de la guerre et de prévenir toute dynamique pouvant faire courir à l'altérité le risque humanicide d'être anéantie.
(Coll. Ouverture Philosophique, 18.00 euros, 182 p.) ISBN : 978-2-296-99143-9

CONVERSION (LA) ÉTHIQUE
Introduction à la philosophie d'Emmanuel Levinas
Bastiani Flora
Le lecteur d'Emmanuel Levinas peut remarquer que deux descriptions du sujet se dégagent : le moi paraît irrémédiablement tourné vers lui-même et seulement préoccupé par son propre bien-être ; tandis que d'autres textes présentent un moi complètement tendu vers autrui et prêt à se sacrifier pour lui. Levinas retrace l'entrée du sujet dans l'éthique comme le passage de l'un à l'autre de ces états. Flora Bastiani propose de lire Levinas à partir de l'étrangeté de ce saut qualitatif du moi en direction de l'autre.
(Coll. La philosophie en commun, 27.50 euros, 280 p.) ISBN : 978-2-296-99262-7

QUESTION (LA) DE LA TECHNIQUE
À partir d'un échange épistolaire entre Ernst Jünger et Martin Heidegger
Nerhot Patrick
La lettre de Heidegger à Jünger est d'une importance capitale pour comprendre les écrits de Heidegger après la Seconde Guerre mondiale. En effet, cette lettre se situe au coeur même de toutes ses réflexions, qu'il s'agisse de la Technique, de la Raison, du Langage ou de la Métaphysique. Elle éclaire d'une lumière particulière non seulement les écrits d'après-guerre mais aussi la question, si controversée, si polémique, de l'importance du nazisme dans sa pensée.
(Coll. L'Ethique en mouvement, 32.50 euros, 316 p.)ISBN : 978-2-296-96422-8

JEAN-MICHEL PALMIER
Arts et société
Berthet Dominique, Lachaud Jean-Marc
Jean-Michel Palmier (1944-1998) a consacré de nombreux ouvrages et articles aux courants artistiques, philosophiques et politiques des années 1920-1930 en Allemagne et en Union soviétique. Ses travaux notamment sur l'expressionnisme et la vie culturelle sous la République de Weimar permettent aux lecteurs de mieux comprendre les multiples controverses qui opposèrent

au XXe siècle des théoriciens et des praticiens se réclamant de différents et antagonistes courants marxistes.
(Coll. Ouverture Philosophique, série Arts vivants, 34.00 euros, 328 p.)
ISBN : 978-2-296-96076-3, ISBN EBOOK : 978-2-296-49810-5

DE LA VICTIMISATION
Lectures expérimentales
Kakogianni Maria - Préface d'Alain Badiou
A supposer que la femme ne soit pas la victime de l'Histoire. Voici pour l'hypothèse mobile. À partir de là, le texte se présente comme une série de lectures ; Xénophon, Aristote et Platon se mettent à dialoguer avec Foucault, Badiou et Lacan. Il ne s'agit pas de lectures qui cherchent à rendre lisible, dans les textes classiques, la domination du genre, la métaphysique des sexes... Ce qui fait symptôme, ce qu'il s'agit d'apprendre à lire, c'est la place de la victime comme seule autorisée dans le Marché.
(Coll. La philosophie en commun, 29.00 euros, 286 p.) ISBN : 978-2-296-99189-7

TEMPS HISTORIQUE ET IMMANENCE
Les concepts de nécessité et de possibilité dans une histoire ouverte
Chataignier Gadelha Gustavo
Cet ouvrage vise à explorer l'historicité en tant qu'horizon privilégié de la philosophie. L'auteur procède à un parcours analytique : il commence par caractériser les spécificités du temps historique puis se penche sur l'analyse de diverses philosophies de l'histoire et termine par confronter la notion contemporaine d'événement à ses limites pratiques. Cette réflexion s'achève sur le rapport marxien entre nature et histoire.
(Coll. La philosophie en commun, 57.00 euros, 684 p.) ISBN : 978-2-296-97037-3

TERRITOIRES (LES) DU SENTIMENT OCÉANIQUE
Sous la direction de Dallet Sylvie, Noël Emile
Le sentiment océanique est une forme particulière des états modifiés de conscience, domaine qui est attesté du plus lointain des témoignages humains. La spécificité de cette sensation, assimilée depuis Romain Rolland aux capacités de la religiosité indienne, reste un mystère de la connaissance. Celle-ci qui allie une joie à une forme de dissolution ou de rencontre de la matière est pour la première fois analysée sur des observatoires différents : spiritualités, biologie, littérature, poésie, philosophie, sport...
(Coll. Ethiques de la création, 17.50 euros, 164 p.) ISBN : 978-2-296-99152-1

DIALECTIQUE OU ANTINOMIE ?
Comment penser ?
Chateau Dominique
Ce livre concerne deux manières de penser : la dialectique et l'antinomie. Il étudie la dialectique de Hegel, en son unicité et sa radicalité, expose sa critique et considère sa régression à l'antinomie ou encore son fantasme qui ne cesse de hanter la philosophie. Ce débat mobilise, outre Aristote et Platon, Kierkegaard, Nietzsche, Benjamin, Lyotard, Marx, Peirce et quelques autres.
(Coll. Ouverture Philosophique, 14.50 euros, 144 p.) ISBN : 978-2-296-99177-4

IDÉOLOGIE DE LA RUPTURE
Suivie de plaidoyers pour l'aliénation
D'hondt Jacques - Postface de Paolo Quintili
Jacques D'hondt (1920-2012) a conquis par ses travaux sur Hegel et Marx une renommée internationale. C'est un critique de ses contemporains dans *L'idéologie de la rupture* (première édition en 1978) et, dans nombre de ses publications aujourd'hui encore dispersées. La présente édition réunit, à la suite des chapitres originaux, plusieurs de ses contributions.
(Coll. Bibliothèque historique du Marxisme, 18.50 euros, 174 p.)
ISBN : 978-2-296-96380-1

RÉALISME ET VÉRITÉ : LE DÉBAT ENTRE HABERMAS ET RORTY
Dostie Proulx Pierre-Luc
A quoi fait-on référence lorsque l'on a recours au concept de « vérité » en épistémologie contemporaine ? Doit-on nécessairement supposer que nos énoncés correspondent à une réalité extérieure pour faire sens du concept de vérité ? Le présent ouvrage expose deux des plus importantes conceptions contemporaines de la vérité : celle de Jürgen Habermas et celle de Richard Rorty.
(Coll. Ouverture Philosophique, 14.00 euros, 134 p.) ISBN : 978-2-296-99247-4

POLITIQUEMENT (LE) CORRECT FRANÇAIS
Epistémologie d'une crypto-religion
Oulahbib Lucien-Samir
Les manques, la fuite en avant vers la destruction de ce qui permet d'être ensemble - et non pas seulement de vivre ensemble - sont ici analysés en des critiques diverses (des saillies) mettant en cause par exemple la théorie dite du «genre», l'effacement de l'idée de nation, de valeur objective, bref, la mise à l'index de tout ce qui ne pense pas de façon «gauche», allant de la haine du riche à la diabolisation d'Israël…
(Coll. Épistémologie et philosophie des sciences, 15.50 euros, 152 p.)
ISBN : 978-2-296-99316-7

JUSTICE DISTRIBUTIVE OU SOLIDARITÉ À L'ÉCHELLE GLOBALE ? – John Rawls et Thomas Pogge
Noumbissié Tchamo Daniel - Préface de Stéphane Chauvier
Avec le souci d'établir les jalons d'un «développement glocaliste» juste et équitable, Daniel Noumbissié Tchamo ouvre ici un débat en philosophie pratique sur la distribution des richesses et les nouvelles considérations sur le développement dans une société mondiale glocalisée. Le «principe de différence global» qui manque dans les politiques publiques et les institutions de redistribution de richesses est le point nodal de la discussion qui en découle.
(Coll. Ouverture Philosophique, 25.00 euros, 246 p.) ISBN : 978-2-296-57036-8

L'HARMATTAN, ITALIA
Via Degli Artisti 15; 10124 Torino

L'HARMATTAN HONGRIE
Könyvesbolt ; Kossuth L. u. 14-16
1053 Budapest

ESPACE L'HARMATTAN KINSHASA
Faculté des Sciences sociales,
politiques et administratives
BP243, KIN XI
Université de Kinshasa

L'HARMATTAN CONGO
67, av. E. P. Lumumba
Bât. – Congo Pharmacie (Bib. Nat.)
BP2874 Brazzaville
harmattan.congo@yahoo.fr

L'HARMATTAN GUINÉE
Almamya Rue KA 028, en face du restaurant Le Cèdre
OKB agency BP 3470 Conakry
(00224) 60 20 85 08
harmattanguinee@yahoo.fr

L'HARMATTAN CAMEROUN
BP 11486
Face à la SNI, immeuble Don Bosco
Yaoundé
(00237) 99 76 61 66
harmattancam@yahoo.fr

L'HARMATTAN CÔTE D'IVOIRE
Résidence Karl / cité des arts
Abidjan-Cocody 03 BP 1588 Abidjan 03
(00225) 05 77 87 31
etien_nda@yahoo.fr

L'HARMATTAN MAURITANIE
Espace El Kettab du livre francophone
N° 472 avenue du Palais des Congrès
BP 316 Nouakchott
(00222) 63 25 980

L'HARMATTAN SÉNÉGAL
« Villa Rose », rue de Diourbel X G, Point E
BP 45034 Dakar FANN
(00221) 33 825 98 58 / 77 242 25 08
senharmattan@gmail.com

L'HARMATTAN TOGO
1771, Bd du 13 janvier
BP 414 Lomé
Tél : 00 228 2201792
gerry@taama.net

Achevé d'imprimer par Corlet Numérique - 14110 Condé-sur-Noireau
N° d'Imprimeur : 91183 - Dépôt légal : septembre 2012 - *Imprimé en France*